目　录

今天，你做游戏了吗？

第一部分　游戏让你玩转拼音

　一、跟我走 …………………………………… 2
　二、画拼音 …………………………………… 5
　三、谁的朋友多 ……………………………… 8
　四、四声四色球 ……………………………… 11
　五、听拼音摘卡片 …………………………… 14
　六、找朋友 …………………………………… 17

第二部分　哇噢！汉字原来可以这样教

　一、讨厌的笔画 ……………………………… 20
　二、报笔画数 ………………………………… 23
　三、挑错字 …………………………………… 25
　四、下一笔是什么？ ………………………… 27
　五、画汉字 …………………………………… 29
　六、偏旁部首交朋友 ………………………… 32
　七、曲曲棒，做汉字 ………………………… 34
　八、空中点写汉字 …………………………… 37
　九、汉字推销员 ……………………………… 39
　十、我拍，我拍，我拍拍拍 ………………… 41

第三部分　你的词汇怎么记得那么牢啊？

　一、007之祸及邻居 ………………………… 44
　二、潘多拉的魔盒 …………………………… 47
　三、唱反调比赛 ……………………………… 49
　四、快乐传真之单词版 ……………………… 51

五、打板猜词 ……………………… 53

六、大风吹 ……………………… 55

七、接 龙 ……………………… 58

八、摸鼻子 ……………………… 60

九、你演我猜 ……………………… 62

十、抛 球 ……………………… 64

十一、抢生词比赛 ……………………… 67

十二、扔骰子，放生词 ……………………… 69

十三、生词扑克 ……………………… 72

十四、手忙脚乱 ……………………… 74

十五、好运？恶运？ ……………………… 76

十六、我是什么？ ……………………… 78

十七、眼明手快 ……………………… 80

十八、与众不同 ……………………… 82

十九、包里有什么？ ……………………… 84

二十、职业演员 ……………………… 87

第四部分 造句，上瘾了！

一、吹 牛 ……………………… 90

二、赌 马 ……………………… 92

三、快乐传真之句子版 ……………………… 95

四、列队比赛 ……………………… 97

五、迷 宫 ……………………… 99

六、拍卖句子 ……………………… 102

七、拼句比赛 ……………………… 104

八、收拾你的房间 ……………………… 106

九、造句对抗赛 ……………………… 108

十、抓纸团 ……………………… 110

十一、最好笑的句子 ……………………… 112

十二、八卦一下 ……………………… 114

附录 教学游戏的设计、改进和创新 ……………………… 117

The Vault of Teaching Games

中文游戏大本营

——课堂游戏100例

〔新西兰〕Victor Siye Bao
Sihuan Bao 编著
John Tian

上册

上册

北京大学出版社
PEKING UNIVERSITY PRESS

图书在版编目（CIP）数据

中文游戏大本营：课堂游戏 100 例（上册）/（新西兰）Victor Siye Bao, Sihuan Bao, John Tian 编著 . —北京：北京大学出版社，2010.8
（北大版汉语教学辅助用书）
ISBN 978-7-301-17607-8

I. 中… Ⅱ.①B…②B…③T… Ⅲ. 汉语-对外汉语教学-教学参考资料 Ⅳ. H195.4
中国版本图书馆CIP数据核字（2010）第151822号

书　　　名：中文游戏大本营——课堂游戏100例（上册）
著作责任者：〔新西兰〕Victor Siye Bao　Sihuan Bao　John Tian　编著
责 任 编 辑：贾鸿杰
插 图 绘 制：张 晗　刘艳红
标 准 书 号：ISBN 978-7-301-17607-8/H · 2613
出 版 发 行：北京大学出版社
地　　　址：北京市海淀区成府路205号　100871
网　　　址：http://www.pup.cn
电 子 信 箱：zpup@pup.pku.edu.cn
电　　　话：邮购部 62752015 发行部 62750672 出版部 62754962 编辑部 62752028
印 　刷 　者：北京宏伟双华印刷有限公司
经 销 者：新华书店
　　　　　　787毫米×1092毫米　16开本　8.25印张　158千字
　　　　　　2010年8月第1版　2017年11月第7次印刷
定　　　价：38.00元

今天，你做游戏了吗？

亲爱的读者，当你翻开这本书的时候，请你想一想，你有没有过这样的经历或想法：

上课的时候，你讲得口干舌燥，学生却毫不领情，在下面各自做着自己的事……

有的老师的课堂上欢声笑语不断，而你的很多学生都想换班……

有的学生上课时总是提不起精神，觉得学习汉语太难，太闷，学得不开心，你教得更不开心……

有的学生上别的课时表现良好，可是一上中文课就非常调皮，好像换了一个人……

听说对外汉语是非常有前途的行业，想做一名对外汉语教师，可是听说中外文化差异很大，担心不了解外国学生的学习方法和外国学校的教学方式……

外国孩子活泼好动，而自己对教学游戏所知不多，担心不知道怎么给他们上课……

……

如果你有类似的经历或想法，那么这本书就可以帮帮你。

在继续阅读之前，先看看这个真实的故事。

一、新老师的问题

陈老师*：李老师，今天学生都要把我烦死了。

李老师*：小陈啊，别着急，怎么了？

陈老师：学生们不怎么听课，有的甚至在教室里跑来跑去的。

李老师：哦，那你是怎么做的呢？

陈老师：我就是按照教案预先设计好的步骤进行的啊，先教生词，再教课文，然后教对话，可是到后来怎么就进行不下去了呢？

李老师：今天，你做游戏了吗？

陈老师：没有，教案上没有涉及。

---

*陈老师：一位初教汉语的年轻教师，李老师：一位经验丰富的老教师。

李老师：我知道了，你按照教案设计的步骤教是没有问题的。可是你大概忽略了学生的特点，尤其是外国小孩子，他们是非常好动的，要让他们坐在那里乖乖地听你上课，可不是一件容易的事儿。

陈老师：是啊，那我该怎么办呢？

李老师：别灰心。现在崇尚活泼开放式教育，我们要想办法寓教于乐。我这里有一个很适合你这堂课的游戏，你先看看，下次上课的时候，你试试用上这个游戏，看看效果。还有什么问题，我们再讨论，好吗？

陈老师：好吧，谢谢您，李老师。

……

下一次课上：

连续10分钟的讲解，让初教汉语的陈老师觉得口干舌燥，讲台下的学生似乎也耐不住了，交头接耳，有的孩子甚至站了起来。陈老师一看，游戏的时机已经来了，于是她喊了一声："起立！"因为她清晰地记得，在李老师给她的游戏案例里，第一条就是：当学生坐立不安，开始"造反"的时候，最有效的集中注意力的方式就是大喊一声："起立！"她照做了。话音刚落，面前的20多个学生，齐刷刷地站了起来，看来，这些学生爱动的天性实在是抹杀不得。这时，陈老师的嘴角不经意地流露出了一丝难以觉察的笑容。是时候布置游戏了。

第一步：将学生分成4组，开始比赛

学生终于有了动的机会，秩序也不显得零乱了。要进行的游戏，对他们来说就是一个谜，也是一件极富乐趣的事儿。陈老师几乎没费吹灰之力，就让怎么也叫不动的学生乖乖地分成了4个小组。

第二步：宣布游戏规则

游戏开始前，没有什么比弄清游戏规则和目的更重要了。老师解释的时候，学习好的学生竖起耳朵试图听清楚老师说的每一个字；那些试图要捣乱的，不仅被学习好的学生给制止了，学习好的学生还主动给捣乱的学生又解释了一遍。这比让老师反复地告诫捣乱的学生的效果好多了。陈老师只把游戏的规则重复了一遍，学生们就已经摩拳擦掌，跃跃欲试了。

第三步：分发游戏材料

陈老师把事先准备好的卡片分发给每组学生，然后一声令下，游戏就开始了。陈老师很纳闷，眼前的这帮学生个个都好像换了一个人似的。

第四步：进行游戏

很奇怪，即便是那些基础不怎么好的学生，也在游戏过程中显示出了罕有的积极性。别看他们有时候憋得满脸通红，可当他们也能完成其中一个环节的时候，那种发自内心的喜悦足以感动这个小组的每个同学，当然也包括这位陈老师。陈老师久久地伫立在孩子们中间，呆呆地看着孩子们的巨变，仿佛有一种胜利的电流传到了每个神经末梢。她不禁有些激动，没想到这个有些小儿科的游戏会带来如此巨大的变化。

小斧子砍倒了大树——一个小小的、看来很不起眼的游戏，却让近乎疯狂凌乱的课堂大变，老师也圆满地完成了预期的教学目的。

……

急促的铃声，让陈老师从无限的思绪中苏醒过来。抬腕一看，下课的时间到了，今天的教学内容也顺利完成了，有些出乎自己的意料。教室的后面，出现了一个熟悉的身影。没错，是李老师，她早早地就在那儿等她下课了。于是，又有了下面一段令无数老师都会觉得熟悉的对话：

李老师：怎么样，小陈？

陈老师：天哪！我自己都不敢相信，这帮孩子居然有这么大的潜能。

李老师：当然啦，别看他们调皮，可是个顶个的聪明啊。

陈老师：起初，我还挺怀疑您给我的案例的，可没想到效果居然如此之好。

李老师不置可否，只是说了一些继续加油的鼓励话，便去上课了。

留下陈老师，在教室门口伫立了良久，心里想：还有什么地方没做好吗？

……

"老"老师的"老",相对于"新"老师的"新",不是更换一个字那么简单,这里面的酸甜苦辣,只有经历过才会真正懂得。

二、新老师的新问题

两个月过去了。新的问题又出现了……

陈老师的游戏教学好像也不怎么管用了。学生又开始凑在一起,三三两两地窃窃私语了。那几个超级捣蛋的学生,似乎也摸清了陈老师的套路,不仅在一些常规的教学环节中打闹,在游戏的过程中,也出现了抵制的情绪。要么就是不积极参加,要么就异常积极,导致游戏时间的无限延长,耽误了课时计划。这可怎么得了,教学游戏刚发挥了一点儿作用,课堂氛围又变了。好几次,陈老师都是丢下了书本,强忍着泪水从教室里跑了出来。相信看到这里,读者也不禁会感叹当老师,尤其是当小学老师的艰辛与不易了。当然,泪水对于改变被动的局面,显然没有什么用处。我们这位陈老师果然是具有当一名优秀老师的潜力。擦干泪水,她又敲开了李老师办公室的门。令人吃惊的是,李老师好像早就料到她会来似的,没有水果、茶水的热情招待,只有句句发自肺腑的谆谆教诲。请听以下对话:

陈老师:李老师,你怎么好像预先知道我要来一样啊?

李老师:当然啦。每年这个时候,都会有新老师来我这里啊。

陈老师:听说您在这个学校教了38年中文,是吗?

李老师:是啊,不过时间的长短并不重要,关键是能不能在这些时间里不断取得进步。

陈老师:那李老师,您帮我看看,我的问题出在哪儿呢?

李老师:你的问题就在于形式胜于内容。为了游戏而游戏,自然可以在最初取得一些好的效果,但是由于掌握的游戏方式有限,时间一长学生自然而然就会产生一些厌倦的情绪。

陈老师:对啊,我说那些孩子怎么还没等到我出招就已经可以拆招了呢,经常弄得我是哭笑不得。

李老师:不要怕,只要你有耐心,就一定可以找到更合适的方法。

……

任何一个当过老师的人，一定会对这样的促膝谈心十分熟悉。老老师对新老师的帮助，往往是建立在一个完整的体系之上，不会急功近利，也不会"头疼医头，脚疼医脚"。由此我们可以看出，仅仅掌握一些有限的课堂游戏是远远不够的，还需要在了解学生、明确教学目的的基础上把握好游戏的使用频率和使用的时机。这两位老师的故事真实地发生在我们的身边，而我们讲这个故事的目的，也就是为了告诉您，一个小小的课堂游戏可以产生巨大的影响，甚至改变一个老师的一生。

三、老师窗前的米兰

老师的窗前
有一盆米兰
小小的黄花开在绿叶间
它不是为了争春才开放
默默地把芳香洒满人心田
……

故事说到这里，不禁让人为老老师的敬业精神和循循善诱的教学方法所折服。我相信，这样的故事每天都会发生在我们的学校里，发生在我们的身边。正是因为我们身边这些无数老老师的努力，才使得我们的教师队伍不断壮大。而我们所有的努力，都是为了那些活泼可爱的孩子，一切从孩子出发，为了一切的孩子，为了孩子的一切。课堂游戏正是投孩子们所好，是提高老师的教学效率、增强学生学习能力的最好的良方。无论您是正准备投身到汉语教学领域里的学生，或者是新参加教学工作的菜鸟，还是已经掌握了很多课堂教学技能的老手，我们相信，本书都会为您打开一扇奇异之门，给您很多以前所没有的体验，让您深刻地感受到课堂游戏的魅力。

在继续以下的旅程之前，我们还是要忍不住地提醒您一句：**今天，你做游戏了吗?**

第一部分

游戏让你玩转拼音

一、跟我走

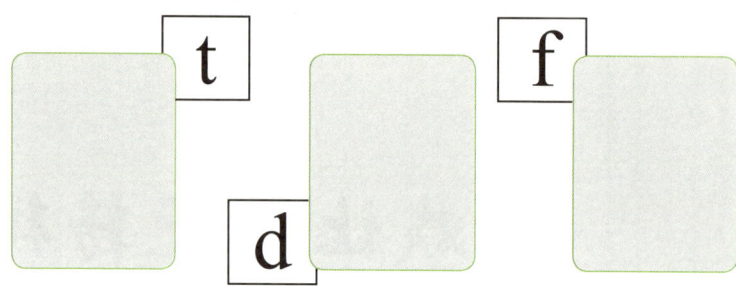

游戏背景

1. 声母表、韵母表

声母表

b	p	m	f	d	t	n	l
g	k	h	j	q	x		
zh	ch	sh	r	z	c	s	

韵母表

a	o	e	i	u	ü		
ai	ei	ui	ao	ou	iu	ie	üe	er
an	en	in	un	ün			
ang	eng	ing	ong				

上面两个表，相信老师们一定是再熟悉不过的了。让母语是汉语的中国人记住这两个表固然不是一件难事，可是要记得那么牢固，恐怕还是需要花些力气的。而对于那些母语非汉语的外国人来讲，能记住这两个表，可就不是那么容易的事情了。

能够准确地发好每个声母和韵母的音，是记住这两个表的基础。掌握每个声母和韵母的正确发音以后，如何记住这两个表，是学好拼音的关键。

2. 巧"动"中巧记

潜移默化中掌握的知识是最持久的。就像很多中国人学英文喜欢唱英文歌一样，一些词汇、语法、经典的语句，在歌声中不知不觉地进入了大脑，很久都不会忘记。小孩子是喜欢活动的，如果能够在记忆这两个表的教学环节中，适当地增加"动"的元素，一定会起到意想不到的效果。

游戏准备

拼音卡片若干。

游戏过程

1. 打乱学生平时上课的座位顺序。也可以找一个空地，让学生们围坐一圈。
2. 把拼音卡片发给学生。
3. 说出一个声母或韵母（如：m），持有该拼音卡片的学生站出来并说："我是m，我后面的跟我走！"持有字母f的学生应立刻站在持m卡片学生的后面跟着m走，并说："我是f，跟你走。"拿m卡片的学生回到原处。
4. 依此类推，对的给10分，错的不给分。
5. 出现错误以后，可以重新发卡片，再进行游戏。

注意事项

1. 这个游戏也可以倒着排次序，也可以说："我是m，我前面的跟我走！"持字母p的学生应立刻站在持m卡片学生的前面。

2. 主要是让学生动起来，游戏规则可以根据情况更改，可以让学生排成一个圈。

3. 如果学生年龄小或者程度低，可以把拼音分组进行练习。一个学生也可以拿几张卡片，比如bpmf或dtnl等。

跟我走

二、画拼音

游戏背景

1. 课堂情景再现

在课堂上，老师们经常会遇到这样的情况：

（1）老师发 r，让学生们跟着老师发音，可结果是学生们的反应是一片茫然，他们根本不知道该把舌头放在哪儿，也不知道这个 r 的音是怎么发出来的。老师只好告诉学生们舌头大概是在什么位置，这个音该怎么发。第二次试发的时候，有的学生勉勉强强能把音发出来，然后老师再通过一遍遍的示范和长时间的"逼迫"，才能够让学生们大致按照统一的音，发出自己也模棱两可的音来。好不容易完成了这个音的发音任务，可到了下一次课，让学生们再发这个音的时候，简直五花八门，发什么的都有，真是让老师觉得好不惆怅。

（2）因为受英文的干扰，比如老师教 i 的时候，学生的直观感觉是英文中 i 的发音，虽然经过多次更正，可是当学生们再次面对这个 i 的时候，还是难免又会跑到英文里去。再比如 c，经常有学生发成 k 的音。课堂上老师纠正之后，当时他们记住了，可是没过几天又忘记了，下一次课还是照旧发错。

2.症结探寻

　　不同语言的语音之间有同有异，这就增大了语音教学的难度。但在生活和教学中我们不难发现，小孩子对声音的记忆是远远比不上对图形的记忆的。如果能够引导孩子们将声音的信号转换为图形的信号，就既可以帮助小孩子记忆拼音的发音，又能够通过动手制作图形、图画的过程来丰富课堂内容。为了加深他们的印象，可以采用"画拼音"的游戏。

ou　　　　　　c

🍐 游戏准备

　　1.彩笔若干。

　　2.白色卡片若干。

　　3.拼音卡片。

🪁 游戏过程

　　1.把学生分成若干组，如果有可能，尽量让画画儿好的学生在不同的组，保证每个组都有一个可以画画儿的人，每组都有一些空白的卡片。

　　2.老师发出一个音，让学生跟读两遍。之后让各组同学根据自己的母语和生活经验按着这个音去画一幅画，用来提醒自己这个拼音的发音。比如 a，有的学生可能画医生检查病人，让病人张开嘴巴说"a"，画 j 的时候，可以画一个吉普车，等等。

3. 画完了以后，让每个组举起画儿讲解，然后发出这个音。
4. 大家从所有的画儿中，挑选出最合适的那个交给老师。
5. 老师继续发出一个音，学生重复游戏。
6. 老师手中画儿最多的那个组获胜。

注意事项

1. 要根据学生的母语和具体情况来决定哪些音需要画画儿。
2. 不用每个拼音字母都画，比如和英文发音相同的辅音就可以省略。
3. 画好的卡片要经常给学生看，让他们形成条件反射。
4. 好的卡片要自己留下，对今后教学一定有用。
5. 千万不要小看学生的创造力，你一定会吃惊的。

心得随笔

三、谁的朋友多

游戏背景

1. 恼人的拼读

　　很多老师在拼音教学中会遇到这样的问题：学生可以准确地认读单个的声母或者韵母，可是在拼读的时候就完全不是那个味道了。这个问题主要反映在以下几个方面：

(1) 拼读练习不够充分，因此学生在面对新的拼读练习的时候，有些无所适从，甚至有胆怯的心理，不敢大声地发音。

(2) 不了解拼读规则，将一些汉语中不存在的音节拼读出来，比如：b 和 e 相拼，j 和 a 相拼等等。

(3) 将一些复韵母拆开，比如把 uan 读成 u+an、把 iong 读成 i+ong 等等，或者将整体认读，如将 chi 拼成 ch+i，闹出笑话。

2. 大胆地拼

　　一些老师在面临这些问题的时候，往往显得束手无策。其实，只要我们静下心来，好好儿地分析一下儿，这些问题就很容易解决了。之所以出现这些问题，归根结底就是平时学生们的拼读练习做得不够充分，不够生动，或者可以说，拼读的练习还没有在他们的大脑深处留下印记。

　　因此，老师要鼓励学生大胆地将拼音拼出来。一个"拼"字，就是学习拼音的不二法宝。让我们一起来进入下面这个疯狂的拼读游戏吧。

游戏准备

　　拼音卡片若干。

游戏过程

1. 打乱学生平时上课的座位顺序。也可以找一个空地，让学生们围坐成一圈。

2. 老师把拼音卡片发给每个学生，让学生预先熟悉一下卡片。

3. 老师说出一个拼音，或者举出一个拼音卡片。

4. 觉得能够和老师说出的拼音组成一个音节的同学要立即站起来，老师选择最先站起来的一个（或几个）人。

5. 这个或几个人要拼出自己的音节，如果拼对，就得1分。

6. 老师随机点一个学生，让他大声对其他人说："谁是我的朋友？"

7. 觉得跟他手里的卡片可以相拼的同学站起来，大声地拼读出来，回答正确者记 1 分。

8. 最后得分最高的人获胜。

谁的朋友多

注意事项

1. 可以利用这个游戏进行声调练习，让学生根据自己组合的拼音进行四声练习。
2. 如果学生拼出的音节能对应一个常用字，老师可以提前教学生这个字。
3. 游戏方法可以变化，可以老师举卡片，也可以指定学生举卡片。

谁的 朋友多

心得随笔

四、四声四色球

游戏背景

1. 声调好难

汉语中的声调，对于初学拼音的学生来说无疑是一个难点。在教学中，如果只是一味地用声音唤起学生对声调的感知，可能会产生如下问题：

（1）对调值的掌握不够准确，容易互相混淆，而且在词语中，调值往往会因语流发生变化。比如两个三声的组合，如"理想"的"理"在实际语流中读音更接近二声。

（2）大量的发音练习易导致学生对发音的畏惧感，练习越多，胆子越小，从而引发厌恶感和疲倦感。

2. 用实物代替四声

如果我们选择四种颜色的小球来分别代替四个声调，就把声音跟具体的事物紧密地结合在一起，结合发音练习，可以给学生很牢固的印象。

游戏准备

四色小球若干套。

游戏过程

1. 把学生分成三个组，每个组发两套红黄蓝绿四种颜色的小球。告诉学生比赛规则：红色代表第一声，黄色代表第二声，蓝色第三声，绿色第四声。

2. 先是必答阶段，每个组的学生都要轮流参与回答，等每个学生都回答过以后，进行抢答比赛。每个组至少要有三个学生参与抢答比赛。否则不得分。

3. 老师说出五个词，让学生进行一下热身。

4. 每个组的第一位同学准备开始比赛，如老师说"厕所"，第一组的第一个学生应该举起绿色和蓝色的小球，如果回答正确得10分；如果回答错误，可以让同组的其他学生进行一次改正，如果改对了可以得3分。

5. 老师说"操场"，第二组的第一位学生要举起红色和蓝色的小球，如果回答正确得10分；如果错误，同组的其他学生可以有一次机会改正错误，修改正确得3分。

四声四声球

6. 老师继续说"图书"，第三组的第一个学生要举起黄色和红色的小球，如果回答正确得10分；如果错误，同组的其他学生可以有一次机会改正错误，修改正确得3分。

7. 依此类推，等每个组的每个学生都回答了至少一个问题以后，开始抢答比赛。老师说出"卖"，最先举起绿色的那个组得10分，第二举起的得5分，第三举起的得3分。

8. 比赛继续，直到规定的时间结束。得分最高的那组获胜。

注意事项

1. 老师可以先从单个字的拼音入手，慢慢转入词语的拼音，由易到难。

2. 有些比较容易混淆的、难的词语可以重复练习。

3. 跟所有的竞赛一样，老师要充分调动每个人的积极性，比如可以规定每个组的学生轮流来举球。

4. 比赛可以分必答部分和抢答部分。

5. 注意控制场面，不要让学生的精力过度集中在玩儿小球上。

6. 如果没有小球，可以用不同颜色的纸条代替。

心得随笔

四声四色球

五、听拼音摘卡片

游戏背景

1. "洋"为"中"用

在英文的教学中，有一个很有效的方法：听老师发音，学生来指示。我们可以把这个方法移植到我们的中文课堂之中。

2. 动耳又动手

这是一个训练学生听认拼音能力的游戏。老师可以买现成的拼音卡片，也可以自己制作。游戏的目的就是让学生掌握拼音中的声母和韵母的发音。

游戏准备

1. 成套的拼音卡片若干。
2. 将学生分成人数均等的若干小组，拉开课桌的距离，方便学生活动。

游戏过程

1. 老师把学生分成若干组，并且为每组准备一套拼音卡片。
2. 教师先把几套拼音卡片贴在黑/白板上，每组卡片的顺序可以不同。
3. 游戏开始，每组的第一名学生上黑/白板前等候，老师说出一个字母，学生就立即摘下老师所念的字母，放到讲台上，摘得对而快的得2分，摘得对但稍慢的得1分，第三以后的和摘错的不得分。比如老师念 a ，每组的学生就要快速在自己组的卡片里把 a 卡找出来。

4. 在老师念第一个拼音时，各组的第二名学生应上前等候，在第一名学生摘完拼音后，老师立即说另一个拼音，游戏接着进行，最后得分多的组获胜。

游戏变通

1. 如果你只有一套卡片，可以让每组学生分别进行比赛，记录学生所花时间，评出优胜者。
2. 也可以把卡片发给每组，你说一个拼音，最快正确举起卡片的那个组把卡片交上来，最先把卡片交完的那个组获胜。

听拼音摘卡片

注意事项

1. 每组学生人数尽量均等，如果有哪个组的学生少一个，则可让该组某学生多次参与游戏。
2. 可以让学生扮演老师的角色。如果某组学生多出一个，就可以让这个学生来发音。
3. 要注意控制场面，尽量让每个学生都积极参与。

听拼音摘卡片

心得随笔

六、找朋友

游戏背景

1. 一首儿歌引发的灵感

找啊找啊找朋友，

找到一个好朋友。

敬个礼呀握握手，

你是我的好朋友。

这是一首耳熟能详的儿歌，能唤起每个人对童年的回忆。通过《找朋友》的歌曲，能让新来的学生增加交流的机会，也能够让性格内向的学生释放压抑的心情。通过作者的观察，每当老师在课堂上教学生们唱这首歌，并且辅以相应的肢体动作时，即便是那些最不爱动的学生也表现出极大的积极性。其实，每个学生都是活泼爱动的，关键就是看老师怎么来调动。

这个游戏用在刚开始教拼音的时候非常有效。当你教完了声母和韵母以后，就可以让学生自己根据感觉去拼读一些汉语的音节，虽然他们根本不知道这个音节对应的汉字的意思。

2. 让我们都来找朋友

让学生在规定的时间里找到可以和自己手上的拼音卡片组成一个音节的人，他们就是朋友。找到最多朋友的人就是最后的胜利者。

游戏准备

1. 拼音卡片若干。
2. 打乱学生平时上课的座位顺序。也可以找一个空地，让学生们围坐成一圈。

游戏过程

1. 把学过的拼音卡片发给每个学生一张，告诉学生说只有10秒钟时间让学生去找朋友。

2. 老师开始说："去找朋友！"

3. 学生开始去找可以和自己卡片上的拼音组成对的人，两个人站在一起，等老师说"停"，学生停止活动。

4. 组成对的学生分别向老师汇报，说出他们组成对子后的音节。老师根据他们的汇报做出判断。如果老师说中文里有相应的字，这两个学生就可以在自己的成绩卡片上写出相应的拼音；如果老师说中文里没有相应的字，就什么都不写。

5. 全部找到朋友汇报完了，交还卡片，进行下一轮游戏。

6. 最后成绩卡片上写的拼音最多的学生获胜。

找朋友

注意事项

1. 可以规定一次只可以找一个朋友，也可以规定一次找几个朋友。

2. 规则和玩法可以根据学生人数、汉语水平进行修改，比如让找朋友的时间越来越短。

3. 要注意控制场面，尽量让每个学生积极参与。

第二部分

哇噢！汉字原来可以这样教

一、讨厌的笔画

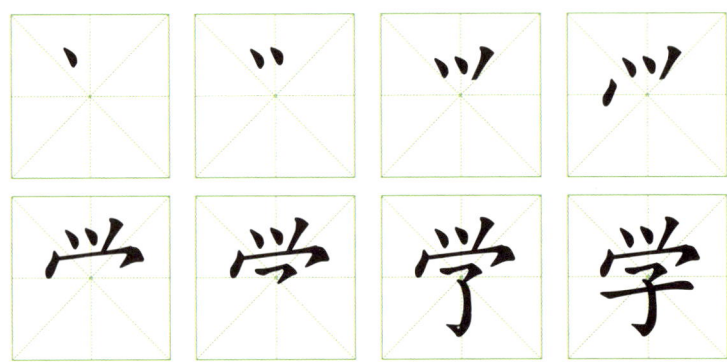

游戏介绍

汉字教学中不可避免地要涉及笔画和笔顺。虽然有的老师在教学中并不是非常严格地要求学生一定要按照正确的笔顺书写汉字，但是这个小游戏绝对可以帮助学生记住笔顺，并且正确按笔顺写汉字。这个游戏的灵感来自笔者参加的一次研讨会。在那次会议上，一个老师上去写"海"这个字，写错了笔顺，主讲老师请底下听课的中文老师上来按正确笔顺写，居然有很多老师都错了。经过几番纠正，相信当时在场的中文老师都记住了"海"的正确笔顺。

 **游戏准备**

游戏材料：制作一些单字的卡片，如：起、床、洗、澡、刷、牙、吃、饭、学、课、休、息、放、家、看、电、视。

讨厌的笔画

游戏过程

1. 把学生分成三个组，教学生这些字的正确写法。

2. 让第一组的第一个学生到白板前，老师说：＂起，起床的起。＂这个学生要慢慢地在白板上写出这个字。

3. 下面的三个组的同学一边看他写，一边想有没有错误的笔顺，如果有错，就立即叫：＂讨厌的笔画，错了！＂如果叫的学生判断错误，要扣3分；如果判断正确，就得2分；如果写字的学生没有犯任何错误，就可以得5分。

4. 第二组的第一个学生上来，老师读出另外一个字，比如：＂洗，洗澡的洗。＂这个学生就要写出＂洗＂字。规则同上。

5. 第三组的第一个学生上来，老师说出另外一个字，规则同上。

6. 第一组换另外一个人上来，重复游戏。

7. 直到所有的人都上来写过，或者到了规定的时间，游戏结束。得分最高的那个组获胜。

8. 最后每个人在自己的本子上写出白板上的那些字。

讨厌的笔画

注意事项

1. 所有人都上来写过后，可以更换游戏的玩法，继续比赛。
2. 要注意控制局面和时间。
3. 经常做这个游戏一定可以收到不错的效果。

游戏变通

在学生经过一段时间的积累后，你可以利用学生"讨厌的笔画"让学生找出例子进行比赛。比如，你说一个笔画，让学生去写字，写出几个包括这个笔画的汉字就得几分，效果也不错。

心得随笔

二、报笔画数

游戏介绍

　　刚开始接触汉字的学生，势必还沉浸在对拼音的美好回忆里，尤其是从小就接触英文的孩子们，对于写拼音，完全就是一种毫不在乎的姿态。作业对他们来讲，就是画几个英文字母那么简单。随着汉字教学的出现，难免会有些好奇，也有些失落，英文字母越来越少了，点、横、竖、撇、捺却越来越多了。好不容易画出来了，可是跟书本上的差距不是一点半点，难免兴趣大减。由此可见，在汉字的教学当中，如何减轻学生对汉字的恐惧感，如何降低汉字的复杂系数，是汉字教学中必须控制的两个因素。

　　有很多老师在教会学生认读笔画以后，往往会忽略对笔画数的教学。其实，如果学生能够正确地数出汉字的笔画数，不仅是对汉字笔画的一种巩固，而且对学生提高查字典能力也会有所帮助。在这个游戏环节里，我们既可以让孩子们来写出笔画，又能让他们说出笔画数，正所谓一举两得。

游戏准备

1. 汉字卡片若干。
2. 将学生分为4个小组，然后进行比赛。

游戏过程

1. 老师在黑板上从左到右依次写上4个汉字，如：我、教、语、雨，如图所示：

报笔画数

2. 每组派一个学生，依次写下每个字的笔画数。

3. 老师检查，写对一个，计1分。

4. 更改汉字，重复第二步和第三步。

5. 进行完一轮后统计得分。

6. 然后进行报笔画数的抢答比赛。老师举汉字卡片，学生抢答。每次抢答正确得1分，回答错误则扣1分。

7. 老师统计最后得分，并进行奖励。

 **注意事项**

1. 游戏之前，要求学生对笔画熟练掌握。

2. 游戏前老师可以带领学生复习一下用汉语数数。

3. 可要求学生在黑板上用汉字写出笔画数，老师应注意书写的笔顺。

4. 抢答环节，学生在老师说"开始"以后，方能进行抢答。

三、挑错字

上牛

上午

游戏介绍

　　很多老师都有过这样的经历，在让学生找出错字的时候，他们觉得太难，也不太愿意去做。其实，变个形式，用游戏和比赛刺激他们一下，情况就会有所改变。

游戏准备

　　游戏材料：根据教学进度准备一些有错字的句子卡片。比如：

- 我非常不喜欢写汉字，因为太难了。
- 现在九点了？——三点一刻。
- 我早上六点羊起床。
- 我的手表慢了三分钟。

- 我先起床，然后洗澡。
- 我不会骑自行车。
- 我从晚上六点到十点做作业。

游戏过程

1. 把学生分成若干组，每个组的学生需要轮流参与。

2. 老师拿出一张事先准备好的卡片，给第一组的第一个学生，让他/她读出上面的句子。然后让他/她在规定的1分钟内说出哪个字是错误的，并在另一张纸上写出正确的写法。挑出一个错字得5分，将错字改对得5分；如果将正确的字挑了出来要倒扣3分，同组的学生在第一个学生犯了错误后可以帮助改正，改对了可以得2分。

3. 拿出第二张卡片，给第二组的第一个学生。规则同上。

4. 最后一组的第一个学生做完后，老师继续拿出卡片给第一组的第二个学生。一直进行下去，直到每个组的每个人都有机会做一次。

5. 第二轮是抢答部分。老师可以提高难度，亮出卡片，最先举手的人得到回答的机会，回答正确得20分，回答错误扣10分。可以根据情况决定是否让其他学生回答同一个问题。

6. 一直进行，直到规定的时间到了，或者老师准备的卡片全部用完。

注意事项

1. 一定要从最简单的字开始，然后依次是词语、句子、段落。对于汉语水平较低的学生，可以给予不同程度的提示。

2. 开始的时候可以不要求学生改正错字，等他们慢慢熟悉，不太害怕的时候再提出要求。

3. 有些学生经常出错的字可以重复出现，以加深他们的印象。

4. 注意控制时间和场面。

挑错字

四、下一笔是什么？

热　扎　扑

游戏介绍

在实际的汉字教学中，我们发现很多学生的笔顺都是乱七八糟的。一些老师在教学生写汉字的时候，忽略了笔顺的重要性，当然原因也是多方面的，一是因为学生比较多，没有办法一一更正，二是觉得只要能写出正确的汉字，也就可以了。正是以上两个原因导致学生在书写汉字的时候常常找不到北。殊不知，汉字的美和神就体现在这一横一竖、一撇一捺里了。学生们只有按照笔顺的规则书写汉字，才能真正领略汉字的魅力，加深对汉字的认识，提高对书写汉字的兴趣。

既然写汉字存在那么多的硬伤，那最好的医治方法就是拆了重建。这样既可以免受习惯的毒害，又能重拾书写的信心。我们就借助这个"猜猜下一笔"的游戏，为学生们更好地掌握书写规则打下扎实的基础。

游戏准备

1. 有关汉字的卡片。
2. 将学生分为4个小组，然后进行比赛。

 **游戏过程**

1. 老师把一个汉字卡片放在黑板上，然后将笔顺书写中的一部分展示给学生看。
2. 让学生猜下一个笔画是什么，猜对的得1分，还可以继续猜下一笔；如果猜错了，下个组的学生继续猜。
3. 比赛继续进行，最后得分最高的那个组获胜。

注意事项

1. 可以让一个组的学生轮流上来猜，也可以每个组派个代表上来比赛。
2. 生字要重复使用，以便学生加深印象，同时也比较公平。

下一笔是什么？

五、画汉字

游戏介绍

　　教外国孩子时间长了就会发现，其实很多人不是在写汉字，而是在画汉字，或者临摹汉字。这是他们特有的记忆汉字书写的方法。作为老师，可以充分利用这点。

　　汉字教学该从哪里入手呢？我认为应该从汉字的源头——象形字开始。象形字源于生活，是通过描绘事物的形象、轮廓或局部造出来的字，如"日（日）"、"月（月）"、"山（山）"、"水（水）"等，就像画画儿一样，照着事物的形象描摹就成了形象的汉字。

　　如果发现学生有些倦怠，甚至有些抵抗你了，这时候，你不妨可以让他们拿出五颜六色的笔来，尽情地在白纸上挥洒他们对汉字的想象。无论画出来是什么结果，都是他们对汉字最直接的感悟，一定会让老师们大吃一惊。

游戏准备

汉字卡片、彩笔、白纸。

 **游戏过程**

1. 以"山"、"水"为例，首先向学生们介绍这两个汉字的由来。

2. 在学生明白汉字的来源以后，可以让学生试着画"日"、"月"。

3. 选出最好的一幅画来进行点评。

4. 按照这个思路，让学生再根据另外一些汉字展开想象，进行绘画。

5. 全班参与评选，被选中最多的那个人获胜。

注意事项

1. 一定要在游戏前讲解图片和汉字的关系。
2. 借助图片引导学生记住汉字的结构。
3. 注意保存学生的画作，留待以后教学使用。

心得随笔

画汉字

六、偏旁部首交朋友

游戏介绍

1. 化整为零

随着学习的逐渐深入，学生从象形字开始慢慢接触到会意字，除了独体字以外，也开始学习合体字。学习的过程中，我们常常发现学生会有遗忘。其实很多合体字就是一些独体字加上偏旁组合而成的，可是在听写的时候，学生就是记不起来该怎么写，想来是被复杂的合体字把记忆的大门给堵住了，就让我们通过这个游戏来打开学生的记忆大门。

2. 巧思妙构

不同的偏旁部首经过组合可以产生很多新字，当然也许有的字并不存在，只要我们正确引导，可以用这种方法来培养学生的创造能力。就让学生们展开思维的翅膀，翱翔在快乐的游戏课当中吧。

游戏准备

把学生学过的独体字做成卡片，每个卡片上只写一个字，另外做一套偏旁部首的卡片。

游戏过程

1. 把学生分成几组，每个学生发一张卡片。
2. 老师举起手中的卡片，给学生20秒钟时间。
3. 学生按照老师手中卡片的偏旁部首，找到另外一个手里拿着可以组成汉字的学生。

4. 第一个找到朋友的人，举手告诉老师两个人手里的卡片组成的字，说对的得1分。

5. 学生重新抽取卡片，进行下一轮游戏。

6. 最后得分最高的学生即是胜利者。

偏旁部首交朋友

 **注意事项**

1. 拼错的汉字，老师一定要指出来，并进行正确的搭配。

2. 学生说出汉字的时候，老师一定要注意纠正发音。

3. 对于组合出来的新生字，老师要注意加注拼音并释义。

七、曲曲棒，做汉字

游戏介绍

这是笔者参加一个研讨会的时候学到的游戏。曲曲棒（其实就是软铁丝外面缠上毛茸茸的东西）可以在玩具店买到，最好买几种不同颜色的。上课的时候，可以让学生用这些棒棒拼出所学的汉字，学生们会更加投入，他们边操作边学习，效果非常好。

曲曲棒，做汉字

游戏准备

1. 事先把曲曲棒剪成不同长度的，一定要保证学生有足够的棒棒。
2. 将准备好的曲曲棒放在讲台上，供学生根据情况自己挑选。

游戏过程

1. 先做热身练习。把曲曲棒装进信封交给学生，让他们用棒棒拼出老师所教的汉字。等学生都熟悉了如何用棒棒拼汉字，就可以开始游戏了。
2. 把学生分成两个人一组，每组发一个装有曲曲棒的信封。
3. 老师说出一个汉字或一个词，学生开始拼，最早拼好、拼对的得1分。
4. 老师再说几个字或词，规则同上。最后得分最高的那个组获胜。

注意事项

1. 可以把不同颜色的棒棒规定成不同的笔画。

2. 也可以把完整的棒棒交给学生，让他们自己根据需要进行裁剪。

3. 也可以分组后让学生拼出任何学过的生词，拼完后让老师检查，然后继续拼，在规定时间内拼出最多的那个组获胜。

4. 如果买不到棒棒，可以用彩色电线、面包等食品包装袋上封口用的软绳等物品替代。也可以在细铁丝外面缠上各种颜色的毛线。

曲曲棒，做汉字

游戏变通

如果你觉得用曲曲棒还是麻烦，可以变通一下。

1. 让学生装饰汉字。用彩纸、爆米花、树叶等装饰汉字。不变的宗旨就是尽量让学生多接触汉字，久而久之就熟悉汉字了。

2. 用彩色橡皮泥教汉字，捏汉字。特别是在讲汉字入门的时候，先教学生用各种颜色的橡皮泥制作笔画，再教他们制作简单的汉字作品贴在硬纸上，展出在楼道或者教室墙壁上。比如："爱"、"中国"、"汉语"、"我爱你"或学生的名字等等。

曲曲棒，做汉字

八、空中点写汉字

我是中国人。

游戏介绍

　　教小孩写字，如果老让他们在纸上写，他们一定会厌烦的。还记得小时候小伙伴在你的背上写个字让你猜的那个游戏吗？其实把这个游戏改造一下用于汉语课堂，效果也很不错。

游戏准备

汉字卡片若干。

游戏过程

1. 先教学生基本的笔画，让他们知道怎么说，并用手指在空中比画。

2. 等学生都比较熟悉笔画以后，就可以让他们用手指在空中比画写汉字了，要求他们一边说一边在空中比画，最后要说出写的是什么字。

3. 把学生分成几个小组，进行笔画接力赛，一个学生开始一个笔画，其他学生接着比画下一笔，最后要组成一个字就可以得1分。

4. 在规定的时间内得分最高的那个组获胜。

空中点写汉字

🍓 **注意事项**

1. 注意游戏的速度，切忌不可太快。

2. 一边书写一边说出笔画的名称。

3. 可以让一个组的学生站出来，在空中写一个汉字，最先猜出是什么字的那个组得1分，几个回合之后得分最高者胜。

九、汉字推销员

游戏介绍

　　上课的时候，很多学生都讨厌写汉字。这不是他们的错，作为老师，我们应该多想一些方法，调动他们的积极性。他们毕竟是孩子，很容易上当受骗的。这个游戏就是利用了孩子争强好胜的心理，让他们互相学习，互相交流学习写汉字的方法。学生教学生，有时候效果更好。

游戏准备

1. 空白卡片若干张。
2. 销售成绩表。

游戏过程

1. 生词教学环节完成之后，老师给每个学生发一张空白卡片，让他们做一个汉字卡片。老师圈定一些认为学生还没有掌握的汉字，汉字数目和学生人数一致，要求学生做字卡。卡片一面写上汉字、笔顺和拼音，另一面则要学生画一幅画，或画上卡通形象，要求该画尽量能帮助其他同学猜测反面的汉字。

2. 汉字卡片做好后，让其他同学猜，如果其他同学能从画中猜出所表达的汉字，那么做这张卡片的同学就得创作奖。

3. 之后要求学生做推销员，推销自己的汉字卡。

4. 推销的过程是：用汉语问别的同学，如："你会写这个'热'字吗？"如果回答"不会"，推销员得教会同学，直到该同学笔顺正确地写出这个"热"

字；如果回答"会"，则请该同学写给自己看。如果每个同学能笔顺正确地写出他的字，说明推销成功，完成任务后，让同学在推销成绩表上签字。

5. 在规定的时间里销售表上签名最多的那个人就是销售王，得到奖励。

注意事项

1. 每个学生做的汉字卡不能重复。

2. 挑字的顺序抽签决定，抽签方式要经常改变。

3. 在学生做卡片的时候，老师要及时检查学生的笔顺和汉字书写，避免学生教错字给别人。

汉字推销员

心得随笔

十、我拍，我拍，我拍拍拍

游戏介绍

　　女儿两岁的时候，除了嚷着要去坐摇摇车以外，整天还要我带她去打老鼠。聪明的你一定猜到了，我说的是一种游戏。往游戏机里投入硬币，在不同的小洞里会钻出小老鼠。你拿着小锤子，"啪、啪、啪"地把它们砸回去，旁边的电子屏幕上会显示出你的分数。玩儿了几次，我居然也上瘾了。后来便想到把这个游戏用在教学上，结果屡试不爽，我的学生们也迷上了这个游戏。

游戏准备

1. 小苍蝇拍或者充气玩具锤子若干。
2. 生词卡片若干。

游戏过程

1. 根据教学情况，让学生动手做生词卡片。老师可以根据学生的汉语水平提出不同的要求。
2. 把卡片收回，检查后贴在黑板/白板上。
3. 两人一组，把学生分成若干组，每组先选一个学生到黑板/白板前，手拿小苍蝇拍或充气锤，老师快速说出其中的一个词，先砸到相应词的赢得1分。
4. 每个小组另外一个人走到前面，继续游戏。
5. 最后得分高的小组获胜，得到奖励。

注意事项

1. 提醒学生砸了之后不能移动，改变主意算错，这样能更好地分辨谁先谁后。
2. 也可以采取挑战赛形式进行比赛。先挑两个学生比赛，输的下去，换另外一个上来。
3. 注意控制场面。

我拍，我拍，我拍拍拍

心得随笔

第三部分

你的词汇
怎么记得那么牢啊？

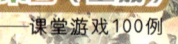

一、007之祸及邻居

游戏介绍

　　这是我前段时间在国内和一群年轻的球友打完球吃饭的时候跟他们学的一个游戏。过程非常简单，但是很好玩儿。大家围坐在餐桌旁，一个人开始说"零"，同时指向另外一个人，被指的人接着说"零"，同时指向另外一个人（可以是以前被指的人，可以是自己），被指的人接着说："七，啪！"手指向一个人，好像开枪要射那个人，被射击的人不许说话，但是坐在他两边的人，就要快速举起双手，说："啊！"如果没有举手，或举手了但是没有说"啊"就算输，就要被惩罚。

　　回到学校，我把这个游戏用在课堂上，效果不错。

游戏材料

卡片，正面写上中文和拼音，反面是英文。

shǔjià 暑假	hánjià 寒假	jì huà 计划	chéngbǎo 城堡	hǎiguān 海关	guójí 国籍	dǎoyóu 导游
kuàichē 快车	fángzū 房租	yàoshi 钥匙	chāozhòng 超重	yuǎnzú 远足	hùzhào 护照	hàomǎ 号码
lùyíng 露营	mílù 迷路	lùbiāo 路标	qiānzhèng 签证	xínglǐ 行李	chuándān 传单	jiǔdiàn 酒店
yíngdì 营地	dìngpiào 订票	chéngchuán 乘船	dāngdì 当地	jīchǎng 机场	shàngchē 上车	xiàchē 下车

fùhuójié 复活节	shèngdànjié 圣诞节	xiǎocèzi 小册子	zhōngdiǎnzhàn 终点站	xiàlìngyíng 夏令营
xínglǐfèi 行李费	zhítōngchē 直通车	dānrénfáng 单人房	zhīpiàobù 支票簿	dēngjīkǒu 登机口
jiāotōngbù 交通部	shuāngrénfáng 双人房	lǚxíngtuán 旅行团	jīchǎngfèi 机场费	shēnfènzhèng 身份证
dìngfángjiān 订房间	fēijīpiào 飞机票	zuòhuǒchē 坐火车	chūzūchē 出租车	dāngdìrén 当地人
qiúzhù 求助	xiànzàidìzhǐ 现在地址	zìzhùzǎocān 自助早餐		míngshènggǔjì 名胜古迹
fēngsúxíguàn 风俗习惯	yínhángzhànghù 银行帐户	jiāohuànxuésheng 交换学生		yùdìngfángjiān 预定房间
yóulǎnshèngdì 游览胜地	chūshēngdìdiǎn 出生地点	qīngniánlǚshè 青年旅社		dìlǐwèizhì 地理位置
tuōyùnxínglǐ 托运行李	zhùyìānquán 注意安全	chūshēngrìqī 出生日期		

 游戏过程

1. 学生围坐一圈，老师选出卡片，每个人发一张，汉字那面朝上。

2. 老师让学生看一下自己卡片上的生词及英文意思，然后开始预热游戏。老师说一个生词，手里拿这个词的学生要把卡片举起来，旁边的两个人要站起来，读出自己卡片上的词。如果错了，就要被扣1分。

3. 让学生把卡片传给右边的同学，然后老师再说一个词，拿这个词的学生的两边的同学要站起来，读出卡片上的词。

4. 等学生都比较熟悉这套生词后，就可以让学生来玩真正的007了。一个学生开始，比如说："0，飞机票。"手要指向拿"飞机票"卡片的学生，这个学生要很快反应，说："0"，然后选一个生词，比如"护照"，然后说："护照。"手指向拿"护照"卡片的学生，拿"护照"卡片的人要立即反应，说："7，"再任意选一个词，比如"导游"，之后说："导游，啪！"同时手要指向拿"导游"卡片的那个人，听到"啪"以后，拿"导游"那张卡片的人的两边的学生要立即站起来，举起卡片，读出自己卡片上的词。如果在规定的时间

007之祸及邻居

内，比如 3 秒，没有反应就算输，被扣 1 分。如果没有人输，从拿 "导游" 那张卡片的学生那儿重新开始。如果有人输了，把卡片传给右边的人。从输的人那儿开始新的游戏。

🍂 注意事项

1. 交换卡片的目的是让一个学生尽量多地认读要学的生词，所以要根据学生的情况及时让学生交换卡片。

2. 本游戏也可以用来教汉字，此时规定的反应时间可以短点。

3. 被 "啪" 的人的邻居应该做什么可以变化，比如可以让他们立即用自己手里的词造一个句子。总之，要让学生在娱乐中学到东西。

二、潘多拉的魔盒

游戏介绍

这是一个用来学习和复习词语的游戏。

学生对生词的学习，有时候会产生畏惧的心理。这种心理源自于母语跟汉语的巨大差异。所以，我们完全可以采用一种"以毒攻毒"的游戏方式来驱除留在学生们心里的阴影。一个老师要善于打开隐藏在学生内心深处的"潘多拉的魔盒"，让学生在学习的过程中感受到快乐，让学汉语变成一种享受。

游戏准备

1. 老师自制潘多拉的魔盒，也可以让学生自己动手做。
2. 与教学内容有关的物品若干。

游戏过程

1. 在魔盒里放一些物品，一个一个地教学生这些物品的中文名称。
2. 学完以后，用一块布遮住盒子，拿走一个或几个物品。
3. 打开布，让学生说出哪个或哪几个物品丢了。
4. 把物品放回，重新拿走一个或几个，再让学生说出哪个或哪几个物品没有了。
5. 重复游戏，直到所有的物品都被拿走过一次。

注意事项

1. 如果觉得物品太麻烦，可以改用生词卡片，放在盒子里面。

2. 可以问每一个学生，也可以把学生分成几组进行比赛。

3. 卡片上面也可以写上句子，比如同一个句型的句子。

4. 这个游戏的时间控制很重要，如果学生有点儿不喜欢了，要立即停止。

5. 这个游戏也可以用于学习和复习"把"字句。比如老师问的时候要说："我把什么拿走了？"学生要用"老师把……拿走了"回答。

潘多拉的魔盒

心得随笔

三、唱反调比赛

游戏介绍

　　这是一个很简单的游戏，但是学生也比较喜欢，特别是在学习反义词的时候，用这个游戏非常有效。

游戏准备

1. 将学生分组。
2. 词语卡片。

游戏过程

1. 规定好时间，两人一组进行比赛。赢者进行下一轮比赛，输者和另外的输者进行比赛。
2. 一个学生根据词语卡片说一个句子，另外一个人要立即说出相反的句子。比如一个学生说："我很瘦。"另外一个就得说："你很胖。"轮流说，直到有人说错或说不出来为止。
3. 赢者和另外一组的胜利者再进行比赛。直到最后的两组在全班面前进行决赛。

注意事项

1. 可以先从一些词语开始。

2. 如果学生汉语水平不高，可以在句子里面用"不"或者"没有"改变对方的句子。

3. 注意控制场面和时间。

4. 也可以改变规定来修改句子。比如在让学生用"……的时候"造句时，规定学生改变两个动词的顺序。一个人说："我做作业的时候听音乐。"另外一个学生得说："我听音乐的时候做作业。"

唱反调比赛

心得随笔

四、快乐传真之单词版

游戏介绍

　　这个游戏的灵感来自电视里的综艺节目。国内很多地方卫视的娱乐节目里，都会有传递词语的游戏。这个游戏百玩不厌，很多人都很喜欢。

　　如果我们能够大胆地将生活中喜闻乐见的娱乐方式成功地引进课堂，势必会让学生对我们刮目相看。从这一点来说，你的课还没有开始上，就已经成功了一半。因为你已经可以牢牢地抓住学生的心理，在丰富课堂游戏的领域里，迈出更加坚实的一步。下面，就开始我们的娱乐现场吧！

游戏准备

与教学内容有关的生词卡片若干。

游戏过程

1. 把学生按座位分成若干组。每组人数相同。
2. 老师把事先准备好的卡片发给每组最后一排的学生。
3. 给最后一排学生一点时间阅读卡片，然后老师说"开始"，最后一排的学生用耳语把卡片上的生词告诉前排的人。不允许重复卡片上的内容。
4. 前排的人把听到的话用耳语传给前面的人。不允许重复说听到的内容。
5. 一直向前传，直到最前排，最前排的学生快速根据听到的话把相应的词语写在黑板上。传得最快、最准确的那组获胜，得5分，第二名得3分，第三名得1分。

6. 最前排的学生写完以后，坐到最后一排，其他学生依次向前移动。继续游戏，直到每个同学都坐过最后一排。

7. 统计分数，选出最后的优胜组进行奖励。

注意事项

1. 注意控制时间，要注意看是否有学生恶意传错。
2. 事先准备的卡片要多做几套。
3. 卡片上的内容要根据教学内容和学生汉语水平进行选择。既要有挑战性，又要符合学生的学习能力。
4. 有的时候，可以刻意重复想让学生重点掌握的词语。

快乐传真之单词版

心得随笔

五、打板猜词

游戏背景

　　小时候，我们都玩儿过扔沙包的游戏，一个小小的沙包曾带给我们无穷的乐趣。随着现在小孩大有变得越来越金贵的趋势，恐怕很多中国小孩子都不知道沙包是什么了。没关系，我们的课堂就是要有这种拓展意识，要让小孩子们接触一下我们这一代人的童年生活，让他们在课堂里感受一下小时候扔沙包的快乐情景。当然，扔归扔，学习还是不可以耽误的。

游戏准备

1. 所学生词的生词卡若干，每张生词卡上方系一根细线。
2. 沙包。

游戏过程

1. 把连着生词卡的细线另一头固定在黑板上，这样卡片就可以挂在黑板上，并能够翻开正反面了。在距离黑板两三米的地方设一条界线。卡片挂好后，给学生几秒钟时间默记每个生词的位置，然后将卡片翻过来，背面向外。
2. 把学生分成几组，进行竞赛。
3. 请第一组的一位学生上来。站在界线后拿沙包打卡片，然后问其他同学："那是什么词？"同学们或猜或根据自己记忆判断，用"那是……"说出来。说对的同学得 1 分。

4. 然后换另一个学生来扔沙包，猜对的卡片翻开，没有猜对的卡片再翻过去。

　　重复几次后，再变换卡片的位置，避免学生都击打看过又翻过去的卡片。

5. 最后得分最高的那个组获胜。

打板猜词

🍂 **注意事项**

1. 系卡片的线绳要牢固。
2. 控制课堂秩序，切忌不可成为体育课。

六、大风吹

游戏背景

教学过程中，我们会发现，学生像狗熊掰玉米一样，总是拿了一些，又扔掉一些，学了一些，又忘了一些。怎样让学生们保持一个良好的记忆习惯，让学生学而不忘，是语言教学中一个非常重要也是极具挑战性的问题。

这里，我们通过"大风吹"这个游戏帮助学生在不知不觉中复习学过的生词，同时也可以练习听力，提高学生们的反应力。

游戏准备

1. 空白词语卡片若干。
2. 一个纸盒。
3. 一套备用生词卡片。

游戏过程

1. 老师先要规定好游戏时间，然后全班同学坐成一圈。如果是坐在椅子上，椅子要少一把。
2. 选出一个同学扮演"鬼"，站在圈里面。也可以老师扮演"鬼"。
3. 开始游戏，"鬼"先说："大风吹！"所有人要回答："吹什么？"
4. "鬼"根据一个、几个或全部人的情况进行描述。用"吹"开始，比如说：

"吹戴眼镜的人！"

"吹男孩子／女孩子。"

"吹穿短裤的人。"

"吹身高一米六以上的。"

"吹喜欢打篮球的人。"

……

5. 符合描述的人要立即站起来，移到另外的一个地方或椅子上坐下。"鬼"也要参与抢地方／座位。没有地方或没座位的人将会成为新的"鬼"。如果有符合描述但是没有站起来的人，那他／她就是下一个"鬼"。

6. 继续游戏，到规定的时间，游戏结束。最后的"鬼"将会被惩罚。

大风吹

注意事项

1. 如果是让学生学习新的单词，可以让学生手里拿着一张生词卡，"鬼"只是吹某个生词就行了。
2. 要注意控制时间。
3. 也要注意有没有学生作弊。
4. 老师可以根据所学的内容提前准备好吹的问题，放在一个盒子里面，无论老师还是学生演"鬼"，都可以随机抽取，然后读出来。

游戏变通

1. 可以让学生把自己写的卡片传给右边的人，拿别人写的卡片，学生要先认字，知道写的是什么，怎么说，是什么意思才能参加游戏。
2. 也可以把自己事先做好的卡片放进去。
3. 也可以让"鬼"从事先准备好的卡片里面抽取一张，吹上面写的生词。
4. 也可以让学生在卡片上写一个句子。比如："今天是晴天。"
5. 还有很多变通的方法，你可以在玩儿的过程中和学生一起讨论。

心得随笔

大风吹

七、接 龙

接
龙

汉语

语言

言辞

辞职

职业

业务

务农

农民

民族

族群

群众

这个游戏相信很多人都已经非常熟悉了。在很多的中文练习里都有类似的练习。根据一个词语的最后一个字，你要写出一个新的词，然后再根据新词的最后一个字，再组成一个新的词语，一直下去，直到你组不出新的词语为止。在实际教学中，可以根据这个游戏进行很多创新。

游戏准备

相关生词卡片若干。

游戏过程

1. 把学生分成若干组，每个组的人数尽量相同。
2. 老师把事先准备好的卡片举起来，让每组的学生在规定的时间内进行接龙。
3. 时间到了以后，每组派一个代表读出他们的词语，如果中间发生了错误，这个组就要停止，他们接了几个词语就得到几分。
4. 老师再抽出一个卡片，学生继续游戏。
5. 直到所有生词卡片用完或游戏时间到，游戏结束。得到最高分的那个组为胜利者。

接龙

注意事项

1. 规则可以根据情况改变，比如可不可以用同音字代替，要不要写出词语等。要让学生充分理解游戏的规则。
2. 要让每个人都积极参与，也可以搞单人竞赛。
3. 学生接龙的时间一定要根据学生的水平进行合理规定。
4. 汉语水平高的学生可以进行成语接龙、句子接龙。

心得随笔

八、摸鼻子

游戏介绍

这个游戏相信很多人小时候也都玩儿过。一个人用食指摸着鼻子，伸出另一只手，另外一个人一边拍打前面一个人伸出的手，一边说"嘴巴"，手摸鼻子的人要快速反应，去指自己的嘴巴。如果拍巴掌的人说"耳朵"，则要快速指自己的耳朵，如果说鼻子，手指就不应该离开鼻子，否则就算输了，两个人就交换角色。在教学生五官和身体部位的时候，让学生通过这个游戏来记忆，非常有效。

游戏准备

1. 教会学生相应的生词。
2. 做出相应的生词卡片。

游戏过程

1. 向全班学生讲解规则以及游戏的玩法，找一个学生上来和你一起示范。在全体学生都明白怎么玩儿这个游戏以后，就可以开始了。

2. 全班学生进行淘汰赛，三局两胜。让学生自由选择对手，利用剪刀、石头、布来决定谁先给出指令，如果错了两次，就算输。

3. 第一轮比赛以后，赢得比赛的学生分到一组，和另外一个赢得比赛的学生比；输掉比赛的人站到另外一边，分到第二组，跟另外一个输掉比赛的人比。

4. 第二轮比赛以后，所有赢得比赛的人分成一组，输掉的都淘汰到上一轮输掉比赛的那组。赢得比赛的那一组继续比赛。

5. 比赛依次进行，直到最后只有两个赢得比赛的人进行决赛，决出冠军。

摸鼻子

注意事项

1. 一定要提醒学生不可以太用力打另外一个学生的手，否则算输掉比赛。

2. 比赛的方法也可以根据学生人数和时间而改变。可以用擂台赛的形式进行。也可以运用回答问题的方式，谁先回答对老师设定的问题，就可以参加游戏。

3. 注意场面的控制。

4. 如果不是进行比赛，就可以规定时间范围，让学生自己找朋友玩儿。低年级的学生完成作业以后，可以用这个游戏打发时间。

5. 有很多变通的方法，比如说到哪个部位，就不可以指哪个部位。

6. 可以用同样的方法，指面前的生词卡片。

你演我猜

九、你演我猜

游戏介绍

看过"幸运52"的人都知道，这个节目里有个很有意思的游戏环节叫：你来表演，我来猜。游戏里给出了很多词语，两人一组，一个把词语的意思表演出来，一个根据表演猜词，表演者不能说词语中的任何一个字，否则此题作废。在规定的时间里，猜对词语最多的那一组就是优胜者。

游戏准备

1. 生词卡片若干。
2. 在讲台预留足够的活动空间。

游戏过程

1. 两人一组，将全班分为若干组，一个负责表演，一个负责猜。
2. 将事先准备好的卡片交给一个个子比较高的学生，以保证每个同学都能够清楚地看见卡片。
3. 老师解释游戏规则：举卡片的同学和猜词的同学面向观众，表演的同学背对观众。表演的学生根据卡片上的生词进行表演，可以告诉猜词语的同学要猜的词语有几个字，但是不能说出词语里所包含的字。猜对一个得 1 分，不会表演或猜不出的可以喊"过"，猜下一个。
4. 可以先让两个学生上台来进行示范。等每个学生都明白游戏的规则以后，就可以开始游戏了。

5. 在规定的时间内，得分最多的二组同学获得奖励。如果得分相同，还可以
   进行一轮附加赛。

你演我猜

注意事项

1. 注意维持课堂秩序，老师可以随时提问以保证没有参加的学生也注意看。

2. 表演的同学可以用肢体语言或用汉语来表述，但不能用英文或者母语做
   翻译。

3. 多示范几遍，以便学生明白游戏规则。

十、抛　球

游戏介绍

　　这是小时候上体育课时常用来热身的一个游戏。特别适用于年龄比较小的孩子，虽然大孩子也一样喜欢。在学习新词的时候，可以用这个游戏。可以想象，阳光明媚的日子里，我们带着一帮小孩子，在绿色的草地上一边做这个游戏一边学中文，多么惬意啊！

游戏准备

1. 准备与工作和职业相关的卡片。要教的生词有：老师、秘书、工程师、医生、工人、律师、银行家、家庭主妇、护士、司机、经理、服务员、工厂、银行、律师事务所、医院、酒店、饭店、学校、公司。
2. 球用篮球、排球、足球都可以。

游戏过程

1. 让学生各自挑选或你分配一个生词，给他们30秒的时间记住自己的生词。
2. 第一轮游戏开始，让一个学生抛球，同时喊出一个生词，比如"医生"。
3. "医生"就要赶紧跑过来接球。如果接住了，"医生"继续抛球，喊另外一个生词比如"护士"。如果"医生"没有接到球，就要尽快拿起球说："停！"所有的学生就得停下来。
4. "医生"找一个目标，比如"律师"，把球扔向"律师"，"律师"允许一只脚移动来躲避球。如果球碰到了"律师"身体的任何部位，那么"律师"就输了，他／她就要被惩罚，惩罚后，"律师"开始第二轮的游戏。

5. 在完成10轮后，老师要求学生选一个生词，但是这次要学生用"在××工作的人"解释所选的词，学生在抛球的时候要说出一个句子，比如："在学校工作的人。"那么拿到"老师"卡片的那个学生就要跑过来接球了。

6. 最后一轮，要学生说"××在××工作"。比如抛球的学生说："医生在医院工作。"那么"医生"就要过来接球。

7. 游戏完成后，让每个学生把学到的生词写在本子上，同时要写出三个句子。

抛球

注意事项

1. 游戏进行几轮以后，一定要让学生重新选词，争取让每个学生都尽可能多地接触新学的生词。

2. 最好要规定游戏场所的界限，因为有的孩子跑得很快，可以跑得很远，不容易控制。

3. 抛球的人一定要垂直向上，抛出至少一米，这样一来被叫的人才有机会跑回来接球。

4. 抛球的人一定要大声，还要清楚，否则要被罚。

5. 一定要告诉学生，不可以把球用力砸向同学，安全第一。

6. 惩罚学生的时候，要让学生做些容易的事，比如一个俯卧撑、仰卧起坐什么的，意思一下就可以了。

7. 扔球的学生为了战术考虑，可以喊自己的生词，但不能超过两次。

游戏变通

1. 教数字的时候玩儿这个游戏效果也很好。

2. 其实教任何生词的时候都可以用这个游戏。如果班上的人数超过了你要教的生词数，可以挑选一些以前学过的但是比较难的词给学生，或者把学生分组进行游戏。

3. 学生熟悉了游戏以后，可以用一个中文句子替代生词。

4. 可以找想要学生学习的日常用语或词语代替"停"。

抛球

心得随笔

十一、抢生词比赛

游戏介绍

　　这是一个训练学生认读生词能力的游戏。游戏过程非常简单，老师出示事先准备好的卡片，学生抢答，先答对者拿走卡片，答错则将其放回，最后根据手中的卡片统计分数。这样，学生在游戏中可以学会并记住很多生词。

游戏准备

生词卡片若干。

游戏过程

1. 将学生分成几组。
2. 老师逐个出示卡片，学生们举手抢答。最先举手的学生读出卡片上的生词或说出意思，答对的就把卡片拿走；如果答错了，老师把卡片放回。
3. 游戏一直继续，直到规定时间结束或者卡片全部用完。
4. 最后，获得卡片最多的那个组获胜，得到奖励。

注意事项

1. 卡片是这个游戏里面很重要的一个部分，所以老师需要提前准备。当然，如果想让学生也有机会练习写字，也可以让学生自己来制作卡片。

2. 卡片可以一面用中文，另外一面用英文；也可以一面是图画，一面是中文。

3. 为了增强比赛的趣味性，可以用不同颜色的卡片表示不同的难度，不同颜色的卡片分数略有差异，最后算分的时候分别计算。

4. 也可以把卡片做成不同的形状，比如做成苹果的形状，那么游戏就可以叫摘苹果比赛。

抢生词比赛

十二、扔骰子，放生词

1食品	2饮料	3食品	4饮料	5食品	6食品	7饮料	8饮料
28食品	29食品	30饮料	31食品	32食品	33饮料	34食品	9食品
27饮料	48食品					35饮料	10食品
26食品	47食品					36饮料	11食品
25饮料	46食品					37饮料	12食品
24食品	45饮料					38食品	13食品
23食品	44食品	43食品	42食品	41饮料	40食品	39食品	14饮料
22食品	21食品	20饮料	19食品	18食品	17饮料	16食品	15食品

游戏介绍

　　这是一个典型的动手游戏，学生学习了一些相关的生词，比如有关食品、饮料或球类活动的词语以后，可以将这些词进行汇总，在课堂上用一种动手的方式让学生复习，就能够加强学生对词的印象，从而达到提高记忆效率的目的。

　　这里的游戏没有终点和起点，目的不是让学生争上游，而是要求学生在放词语卡片的时候进行朗读。这不失为一种游戏的变通，也会改变学生的惯性思维，提高学生对游戏的新鲜感。

游戏准备

1. 老师准备有关食品和饮料名称的卡片若干。
2. 画有迷宫格的大图板若干（视班级人数而定）。

游戏过程

1. 2或4人一组，将学生分为若干组。
2. 请每组学生在一张大白纸上画出一个迷宫，迷宫中有20～25个格子。将食品和饮料这两类生词分别填入任意格子中，直到把所有格子写满。
3. 每个学生将自己的10张卡片准备好，开始轮流投掷骰子。
4. 学生根据骰子的数目开始从迷宫的起点数格子走。走到哪一个格子，就要拿出自己对应格子中生词种类的卡片放在桌子上，并读出来。
5. 如果学生没有与格子里类别相应的卡片或读不准生词的时候，则错过一次机会。
6. 哪个学生先在桌子上摆出所有的卡片，即为获胜者。

扔骰子，放生词

**注意事项**

1. 相关词语的卡片一定要足够多。
2. 老师可以事先准备好迷宫格的图板，这样可以节省时间。
3. 读出词语的环节一定要加强。

心得随笔

扔骰子，放生词

十三、生词扑克

游戏介绍

　　扑克，是每个人都能玩儿一玩儿的最喜闻乐见的游戏。因此把打扑克的方法引进生词的教学游戏环节里，既可以增进学生跟老师的互动，又能缓解学生因难以记住生词所带来的紧张。

　　生词扑克的游戏规则没有我们平时玩儿扑克的规则那么复杂，既不是"斗地主"，也不是"拖拉机"，只是简单地翻开两张写有生词的"扑克"，如果能够说出这两张扑克所代表的生词之间的联系，就算是赢得了这两张牌。有点儿类似于我们小时候玩儿的4张牌算24点。

游戏准备

　　准备材料：写有生词的小卡片，每组一套，每套至少16张。注意每两张卡片上的生词可以是相同的或是有联系的词语，例如：可以在两张卡片上写同一个生词"足球"，也可以在一张卡片上写上"足球"，在另一张卡片上写"棒球"等。

游戏过程

1. 把学生分成几组，各组学生围坐。然后给每组发一套卡片。一套卡片至少有3～5对单词，即6～10张卡片。卡片越多，游戏难度越大。
2. 学生拿到卡片后，将卡片摊开并扣放在桌上。

3. 学生轮流翻开卡片，每人每次只能翻两张。如果翻开的两张卡片上的生词相同或有对应关系，翻卡片的学生要读对卡片上的生词才可以赢得这两张卡片，然后再翻开另两张，如果读错则要把卡片放回原位；如果翻开的两张卡片上的生词不同也没有对应关系，则要将这两张卡片放回原处，请另一名学生开始翻卡片。

4. 所有的卡片都翻开后，赢得卡片最多的学生获胜。

游戏变通

1. 教师也可以将一句话拆开分别写在两张卡片上，让学生找出完整的一句话。例如：一张卡片上写有前半句"我想……"，另一张卡片上写有后半句"……踢足球"。

2. 这个活动也可以以小组竞赛的形式进行：教师在黑板/白板上贴卡片，让各组轮流翻卡片进行配对练习。

心得随笔

生词扑克

手忙脚乱

十四、手忙脚乱

游戏介绍

如何让一个人摔倒？如果你问学生们这个问题的话，他们会给你各种各样的答案。让他踩香蕉皮？好像有些难度。让他激烈地冲刺，然后突然挡在他的面前？似乎有些危险。无疑，这些想法都不大能够在课堂上实现。但是如果我们让一个人将他的四肢放在交叉的格子里，也许很容易就能达到使他摔倒的目的了。

不信，我们就试试看。

游戏准备

1. 在地上画九个或者更多的格子，每个至少能站下一名同学，格内写下各个科目的中文名称。相同科目可以同时出现。
2. 一个带指针的转盘，盘面分为四格，每格内写一个科目。

游戏过程

1. 将学生分为两组，每组出一名学生参赛。
2. 老师转动转盘，转到哪个科目，就用中文给参赛学生一个指令，让他们把指定的手或脚放在某个科目上。例如："把你的左手放在'音乐'上。"
3. 重复此步骤，比如说："把你的右手放在'英语'上。"直到有人按错科目或摔倒，则换另外两个同学进行比赛。
4. 最后错误最少和摔倒次数最少的组获胜。

手忙脚乱

注意事项

1. 这个游戏在室内室外进行均可，室外效果更佳。

2. 可以用表演的方式，让学生猜老师所要指定的科目。

3. 要防止周围的学生进行提示，如有提示的那一组算摔倒一次。

4. 为了增强难度，可以要求学生原来的位置不可以移动，比如左手放在"英语"上，右手放在"音乐"上，下面是脚放在"数学"上，但是左右手都不可以移动，否则算输。

十五、好运？ 恶运？

游戏介绍

　　这个游戏可以用来复习学过的生词，同时也可以作为看图说话和中外文互译练习的一个活动。

　　翻译，无疑是语言学习中最复杂的一个教学环节了。其实如果在平时的教学环节里加入一点儿翻译训练，对提高学生的语感是很有帮助的，对提高学生的语法能力也是一个很好的促进。比如在课堂上就可以让学生学会说一句中文，然后用自己的母语进行翻译，这样既可以照顾到那些基础不太好的学生，也能够帮助老师让所有的学生都明白生词的意思。

游戏准备

1. 事先准备与所教单元话题相关的词语或者句子卡片。比如与天气和季节相关的词语卡片。在卡片的背后写上与之对应的英文（或学生母语）以及分数。
2. 将写有课堂用语的卡片作为幸运卡，其作用就是在活跃气氛的同时让学生有机会练习课堂用语。抽到幸运卡的学生，如果可以说出卡上的课堂用语，就可以直接得到前面一个学生分数的两倍的分数。

游戏过程

1. 把学生分成甲乙丙丁四组，告诉他们游戏规则，拿出四张卡片做示范，告诉他们分数写在什么地方。幸运卡写的是课堂用语，他们得说出课堂用语后才有效，才能得到相应的分数。
2. 甲组的学生先抽，抽出了一张幸运卡，由于前面没有人得分，所以甲组这轮就没有得分。

3. 乙组的学生抽到 "It will be a fine day tomorrow." 分值是 5。他说出了："明天天晴。" 所以就得了 5 分。

4. 丙组的学生抽到了幸运卡，上面写着："请举手。" 她成功地读出了卡片上的句子，所以她就得到了前面那个乙组同学两倍的分数，也就是10分。

5. 丁组的抽到了一张图片，上面是大风，分值是6分，他说了："明天刮大风。" 得到了6分。

6. 继续第二轮。

7. 游戏继续，直到每组的学生都有一次参与机会。

8. 查看分数，分数最高的那组赢得胜利。

好运？恶运？

🍒 注意事项

1. 幸运卡可以有几张，根据情况确定。

2. 可以规定幸运卡的作用，但是一定要让每个学生清楚。

3. 也可以让学生写出答案，然后再说。

十六、我是什么？

游戏介绍

在学习新的生词或复习的时候，可以利用这个游戏。游戏的主要目的是让学生养成开口说中文的习惯。学生在想自己背后写了什么的同时也要仔细读别人背后的中文，这样一来他们也要练习认字。用一个比较活泼的方法来学生词，学生会觉得好玩儿又好记。

游戏准备

1. A4纸若干张。
2. 别针或透明胶。

游戏过程

1. 给每个学生发一张A4纸。

2. 在白板上写上希望学生掌握的与科目有关的生词，比如：数学、英语、日语、科学、物理、化学、体育、音乐、地理、历史、家政、美术、戏剧、电脑。之后给学生解释这些词的意思，让学生在刚才发的纸上面写一个生词，最好写上拼音和英文翻译。

3. 学生写完以后交给老师，老师快速检查并做修改，之后把纸随机地贴在学生的后背上。

4. 让学生开始问问题。比如有个学生A背后是"数学"，他可以问："我的是英语吗？"别人回答说："不是，是你最不喜欢的！"A看一下对面同学的背后，然后去问另外一个同学，A 可以重复刚才的问题，也可以用新的问题，比如："我后面写的是不是电脑？""我后面是生物还是地理？""你喜欢我的科目吗？""星期一你有我的科目吗？"但是不能问："你能告诉我谁教我的科目吗？"等可以直接得到答案的问题。其他同学也通过这种问别人问题的方式来猜测背后的科目。

5. 如果经过几个问题以后，A 第一个猜到自己背后的科目，那么他就赢了。

我是什么？

🍂 注意事项

1. 这个游戏需要老师在旁边监督，以免学生不用中文交流。

2. 要提醒学生在写生词的时候尽量规范，收到纸片后要快速检查，并改正错误。

3. 如果时间太长，就要暂停游戏，改变规则。

4. 对于汉语水平高的学生，可以用短语和句子替代生词。

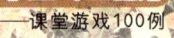

十七、眼明手快

眼明手快

眼明手快

游戏介绍

这个游戏的目的是熟悉四季以及表达季节特征的词语。

由于不同国家有不同的气候特点，比如说在泰国，一年到头都是高温天气，所以，四季对当地人来说不是那么分明，小孩子们更不容易感受到春天、秋天和冬天，尤其是冬天。所以在教他们关于四季和四季气候特征的时候，就很困扰。很多时候，只是单纯的解释，告诉他们每个词语的意思是根本不够的。这里，我们把四季和表达相关气候特征的词语融合在一起，让学生们在游戏当中通过具体的图片和活动，充分地领略到每个季节不同的气候特征，以达到熟练掌握的目的。当然，也可以用在其他不同的话题上。

游戏准备

1. 在黑板上用较大的字写出春、夏、秋、冬。
2. 准备相关的词语卡片。

游戏过程

1. 老师指定或学生自荐，每次四至六人一起站在黑板前，老师在一旁用"热、冷、温暖、凉快"发出指令。学生应立即将手按到相应的季节上。
2. 在发令的间隙，老师可以视情况随机选一位同学说出正确搭配。
3. 为调节气氛，老师可以故意拉长语调或突然加快语速。

4. 游戏也可用淘汰制进行。每次动作最慢的同学出局，最后选出反应最快的同学。

注意事项

1. 每次动作的时间应该有限制。
2. 也可以把有关气候特征的卡片做成图片的形式。

心得随笔

眼明手快

十八、与众不同

游戏介绍

　　关于词汇的游戏，我们前面已经介绍了很多了。那么在这里，我们不妨综合一下，看看学生对学过的生词记得好不好。设计这个词语分类的游戏，目的有二：一是可以让学生产生主观能动性，自己根据对词语的理解进行有效的分类。二是通过游戏，增强学生对相关词语的联系记忆。这样，学生不仅有兴趣记，而且可以记得很牢。

游戏准备

1. 准备若干份至少有五个分类的表格纸。
2. 将其中的一个表格纸贴在黑板上。

游戏过程

1. 老师将事先准备好的表格纸分发给每个同学。
2. 先在第一个分类填写一到两个这个类别的生词。
3. 顺次填写其他分类的相关生词。每个分类可以写一到五个生词。
4. 一旦有人做完，就喊"停"。所有学生都不能再做。
5. 老师开始检查。每念一个分类，学生开始说出自己写上的相关生词。
6. 根据生词在全班的重复程度打分。如这个符合要求的生词只有一人写出，得10分，并将该词语写在黑板上相对应的表格中，以示鼓励。比较独特的得5分，大家共同的得3分。没有的当然就不得分。
7. 最后统计谁的得分最高，谁就赢。

注意事项

1. 可以鼓励学生用词典。
2. 还可以用提问和造句的方式进行游戏。

心得随笔

与众不同

十九、包里有什么？

游戏介绍

这是一个用来学习和复习生词的简单游戏，适用于很多的话题，比如服装、文具、日常用品、食物、蔬菜、水果、运动等。可以用实物进行游戏，也可以用生词卡片。可以以个人或分组的形式进行比赛。

游戏准备

一个包和一些物品的实物。如果没有实物可以用生词卡片替代。

游戏过程

1. 老师将事先准备好的物品一一展示给学生看，让他们知道这些物品的中文名称。

2. 老师把其中的几件物品放入包中，不让学生看见，然后开始问学生："包里面有什么东西？"

3. 学生逐一回答，猜对一个得1分。每次最多只能猜两件物品，不允许重复别人说过的物品。一直回答下去，直到包里面的物品全部被说到，最后说中的那个学生得5分。

4. 老师重新选择一些物品放入包内，从最后猜中的那个学生开始继续下一轮游戏，直到规定时间结束游戏。

5. 得分最高的那个人就是胜利者。

包里有什么？

 **注意事项**

1. 为了让学生记住哪些东西已经被别人说中，可以说中一件，就把该物品从包里面拿出来，放在桌子上。
2. 不要告诉学生包里面一共有几件物品。
3. 可以利用卡片，这样更有灵活性。

心得随笔

包里有什么？

二十、职业演员

游戏介绍

这同样也是一个综合性的游戏。在学生掌握相关的词语以后，我们就可以着手打造这个非常有趣的游戏。在如今这个明星满天下的时代，没有哪个学生是没有明星梦的，这个游戏就可以很好地释放他们的天性。学习汉语的过程中，也能通过模拟体会一把做明星的滋味，一举多得啊！当然，在这个游戏里，光有表演天赋是不够的，有没有掌握学过的生词无疑会成为表演成败的关键。

就让我们一起进入这个职业演员的游戏吧！

游戏准备

相关词语的道具。

游戏过程

1. 学生按照既定的顺序，在教室里围坐成一圈，老师坐在中间。
2. 先由老师上前做示范，做一个动作表示某种职业。然后让学生举手猜他表演的是什么。下面的同学应用完整的句子来回答。比如："他是警察。""她是医生。"等。
3. 猜中的同学代替老师的位置上前表演，其余的同学继续猜，每次都由先猜对的同学上前表演。
4. 每次猜对的学生都会得到1分。最后得分最多的学生即为优胜者。

注意事项

1. 要求学生一定要用完整的句子来表述对应的职业。
2. 表演的同学还可以配以适当的道具和语言。

职业演员

心得随笔

第四部分

造句，上瘾了！

一、吹牛

吹牛
ꜜꜜꜜ

游戏介绍

生活中，许多人喜欢吹牛，喜欢夸大其词，让别人觉得自己特别厉害，以满足自己的虚荣心。其实，换个角度来看，有时候吹牛也可以达到幽默和缓解谈话气氛的效果。学生在上课的时候最害怕的就是出错，我们可以利用吹牛的方式帮助学生壮壮胆子，以此克服他们造句时害怕出错的心理。

这个游戏就是让学生随便说出自己想说的句子，只要不是特别离谱，夸大其词也无妨，然后让学生分组指出对方的错误。这样既能活跃课堂气氛，帮助学生克服害怕心理，提高学习的积极性，也能提高学生用汉语造句的能力。

游戏准备

1. 将学生分成两组。
2. 造句用的纸若干张。

游戏过程

1. 将学生分成AB两组，每人发一张纸。
2. 每个组的学生要在纸上写出十个夸张的、不太合理的句子。比如：

我的姐姐比我的弟弟小三岁。

昨天我吃了十三个西瓜，二十个苹果。

明天我要去看十个小时的电影。

3. A组学生拿出一个句子，挑战B组的一个学生。被挑战的学生要在规定的时间改正挑战者的错误。如果改对了得5分，如果改错了，同组的队员可以帮助，但是即使对了也只能得1分。

4. B组被挑战的队员挑选一个句子，挑战A组的一个没有被挑战过的队员，规则同上。

5. 游戏一直继续，直到所有的句子都被用完。得分高的那组获胜。

注意事项

1. 老师要根据教学目的调整规则和游戏玩法。
2. 注意控制场面和时间。
3. 一定要让每个人都有机会参与。
4. 可以在句子中放入一些没有吹牛的句子，增加难度。

吹牛

心得随笔

三、赌 马

赌
马

游戏介绍

　　打赌是我们日常生活中喜闻乐见的游戏形式。比如我们平时玩儿扑克牌也可以随便赌一赌，以增加游戏的乐趣。打赌获胜是一件让人非常兴奋的事情。赌马也是赌的一种，我们经常在电视电影中看到人们在赛马中投注以及投中获利的场景，那种兴奋是难以言表的。其实在课堂上我们也可以让学生过一把赌瘾，当一当小赌王，在游戏中学习汉语句子的语法，积极思考改正错误，印象会相当深刻。

 游戏准备

1. 做一个PPT，至少三页，每页有8~12个学生常写错的汉语句子，而且其中至少有五个句子中有语法错误。
2. 学生分成不同的投注组。
3. 代表赛马的椅子（五把左右）。

游戏过程

1. 教师按学生所坐的自然组将他们分成三大组，并在黑板上写出三个＄1000，代表每组有这些本金，三组的学生可以用各自的本金去投注。
2. 教师在讲台上摆出五把椅子，表示五匹赛马。
3. 游戏开始前，教师先任意指定五名学生坐在"马"上。这五名学生要面对投影屏幕、背对其他学生，相互间保持一定距离。请各组选出两名学生进行投注前的猜测：前面的哪几名学生能够把投影中的题目全部改对？这两名学生还要决定每次从总数里拿出多少钱来给谁投注。教师可以让每组把其投注对象及金额写到黑板上。

4. 教师播放 PPT，请前面的五名学生在纸上快速改写 PPT 上错误的句子，写好后交给老师。期间，其他学生自己判断但不可以提醒前面的五名学生。

5. 五名学生都改好后，参加赌马的学生也要交出他们的猜测对象名单。

6. 教师带领全体学生核对答案。

7. 教师依次展示前面五名学生的答题纸，请全体学生一起来核对。找出五名学生中全部答对的学生后，师生一起查看各组的投注名单。如果哪组猜测的学生名单与实际结果正好相同，教师就将这一组的投注数额乘以2作为该组本次的奖金写在黑板上。如果猜错了，教师要从这一组的本金数里减去其投注数额作为惩罚。例如：第一组学生投注＄200给第三名学生，如果第三名学生的句子全部改对了，第一组可以赢得＄400；如果第三名学生改得不对，则第一组将减少＄200的本金，剩下＄800。

8. PPT 上的句子全都改完后，本金加奖金数额最大的组获胜。

赌
马

赌马

注意事项

1. 老师挑选的几名赛马学生汉语水平要基本相当，这样可以避免投注一边倒现象。

2. 投注前教师要提醒学生尽量不要一次把钱用完，因为后面还有比赛。

3. 如果在PPT还没有结束前，某一组就将本金全部用完，该组将不能继续参加比赛。为了让该组的学生继续参加游戏，教师可以从中途被淘汰的小组中选学生充当赛马。

4. 注意控制好投注学生的秩序。

心得随笔

三、快乐传真之句子版

游戏介绍

在电视娱乐节目中，我们经常会看到你来表演我来猜的游戏。就是主持人拿一些与日常生活有关的词语卡片，找两个人，一个人看得到卡片上的内容，负责表演卡片上的内容或用不包含卡片文字的词语描述出来，另一个人看不见卡片上的内容，根据表演或描述将内容猜测出来，猜对了就可以得分。几组比赛者在单位时间内猜对的越多，得分越多。表演者可以跳过他自己认为难度很大的卡片，但不能说出卡片上的任何字，否则算违规，不得分。

快乐传真这个游戏跟上面的游戏有点儿相似。不同的是学生必须用动作表演的形式来传递信息。猜测者接收到"传真"信息，还要用"传真"中的内容和固定句型来造一个正确的句子。通过这个游戏，学生可以在获得游戏乐趣的同时理解词语的意思，并能锻炼学生用固定句型造句的能力。本游戏的主要目的是练习"正在"这个句型。

游戏准备

1. 相关生词图片，如踢足球、做早操、游泳、骑自行车、照相、看电视等。
2. 将学生分成A、B两组。

游戏过程

1. 老师从准备好的图片中任选一张，只出示给学生A组的一个同学A₁看，同时可以把图片给B组的全体同学看。

2. 看到图片的A₁根据图片上的内容，用动作表演的形式把图片信息传递给A组其他同学。

3. A组其他同学用"她正在……"说出那位A₁表演的内容，说对即得1分。

4. B组规则同上。A、B组轮流游戏，哪组在单位时间内表演的图片多，即赢得比赛。

注意事项

1. 注意图片内容不要让表演者同组学生看到。

2. 尽量选用能够用动作表演出来的词语，以防增加表演或理解难度。

心得随笔

四、列队比赛

游戏介绍

上学的时候我们都有排队的经历。特别是体育老师经常会要求学生从高到低排队。我们也可以把列队游戏引入课堂。从高到低的顺序就如同我们的汉语句法规则，而一个个学生就像是一个个词语。我们可以给学生一些词语，让他们按句法规则列队。

这是一个比较适合低年级学生做的游戏，主要就是让学生动起来，要求学生根据听到的句子，用最快的速度排列好。通过这个游戏我们可以锻炼学生的反应能力，也可以检验学生汉语句子语序的掌握情况。

 游戏准备

几套卡片，每个卡片上面写一个字或者一个词。

游戏过程

1. 把学生分成4组，每组发一套卡片。
2. 老师说出一句话，学生要立即拿着相应的卡片排好队。比如老师说："今天我走路上学。"学生听了以后就要找出"今天"、"我"、"走路"、"上学"四张卡片并要快速排列成"今天我走路上学"。最快排好的得1分。
3. 游戏继续，直到规定的时间或完成了所有的卡片列队。
4. 得分高的那个组获胜，获得奖励。

列队比赛

🍊 **注意事项**

1. 刚开始的时候，速度要慢一些。

2. 每组的人数不要超过4人，人太多了，就会有人偷懒；为了让每个人都参与，老师可以规定每个人拿卡片的数量，或者干脆要求全组的同学都要上来。

3. 这个游戏可以用于拼音、声调、词语、句子和段落；先做最简单的，积累一些经验后就可以根据你自己的教学灵活应用了。

五、迷 宫

游戏介绍

　　喜欢挑战是孩子的天性。"走迷宫"是小孩子最喜欢的游戏之一了。在游戏中接受挑战，走完迷宫，那种游戏的快感自不待言。

　　如果能够在课堂中引入迷宫游戏，让学生在回答迷宫格中的问题后顺利走完迷宫，既满足了他们挑战自我挑战对手的好胜心理，也极大地激发了他们学习汉语的兴趣。

　　通过这个游戏，可以让学生在迷宫中学习或者复习常用句型，并锻炼他们的口语表达能力，一举两得。

游戏准备

1. 画有迷宫的纸板。
2. 棋子。
3. 骰子。

游戏过程

1. 教师将需要复习的问句写在迷宫里的各个方格中。至少要准备15个问句（也可以请学生自己设计迷宫并制作出来）。（见下图）

开始	1. 你喜欢汉语吗？	2. 你最喜欢哪首歌？	3. 你每天怎么回家？	4. 你正在干什么？
8. 我们的图书馆在哪儿？	7. 放学以后你做作业吗？	6. 你觉得你的妈妈怎么样？	5. 你不吃肉，对吗？	

9. 你妈妈做什么工作？	10. 你一星期读多少本书？	11. 昨天晚上你看电视了吗？	12. 你平时几点去学校？	13. 你多久玩儿一次电脑？

结束	16. 你家的地址是什么？	15. 将来你想当医生吗？	14. 你长得高吗？

迷宫

2. 学生轮流投骰子，根据骰子上的数目向前数格子走。手里拿着自己的棋子。

3. 走到哪一个格子中，就请对手念一遍这个格子里的问题，由走格子的同学来回答。

4. 回答对了，把自己的棋子放在这个格子中，由对方开始投骰子。

5. 回答错了，则返回起点，重新前进。此时轮到对方开始投骰子向前走。

6. 最先到达终点的学生获胜。

 **注意事项**

1. 注意适当提示学生，以免学生过于频繁返回起点，打击了他们的积极性。
2. 注意句型的变化，增加难度。

心得随笔

迷宫

六、拍卖句子

游戏介绍

　　拍卖是一项很刺激的活动。一件拍品经过轮番叫价最后价高者得，拍卖的过程有许多人竞标，大有不拍下来誓不罢休的气势，是非常刺激的。花最少的钱拍到价值很高的东西是一件非常开心的事。在课堂上我们也可以让学生当一回"有钱人"，过一把竞拍的瘾。看谁用同样的预算买到最多正确的句子。

　　这个游戏本来用于英语教学中的语法纠错。我们可以变化一下用于中文教学。

游戏准备

　　1. 记账的本子。

　　2. 拍卖的东西：汉语句子（有正有误），可以写在卡片上。

游戏过程

　　1. 将学生分成几组。给每组学生五千元钱（当然只是记账）。

　　2. 拍卖开始。老师拿出一张写有句子的卡片进行拍卖。

　　3. 各组商量一下，统一意见后竞拍。竞拍结束后大家讨论，之后公布所拍句子正确与否。拍得正确句子，则可以奖励竞拍价同等的钱；拍得错误句子，则要扣除竞拍的钱。所以每组学生要用这些预算买尽可能多的正确句子。

　　4. 花最少的钱买了最多正确句子的那组获胜。老师可奖励小组一面小红旗，让每人签名，挂在墙上。

注意事项

1. 老师事先准备句子时，既要有正确的，也要有学生经常出现的错句。也可以让学生根据所学的内容造句，然后交给老师用来进行游戏。

2. 在拍卖开始前，小组应有时间商量究竟哪些句子正确，以及决定该用多少钱来买每个句子。可以叫学生记下通过拍卖得到的每组所花的钱以及买下的正确句子。

3. 老师在进行拍卖时，不能同时把答案说出来。只有各小组将病句改完以后才能说出答案。

心得随笔

拍卖句子

七、拼句比赛

游戏介绍

日常生活中我们经常分工合作来完成一件事情。如果在课堂中以游戏的形式让学生参与进来，进行分工合作，既能学习汉语，也可以活跃课堂。拼句比赛就是一种合作游戏。让几个同学一组，分工合作完成一个正确的句子，在合作中学习汉语。

游戏准备

1. 各种颜色的纸张。
2. 信封若干。
3. 老师在课前准备好要学生阅读的句子，用不同颜色的纸复印好。然后把句子根据你的教学目的剪成几个部分，放入一个信封里面。

游戏过程

1. 把学生分成几组，讲解比赛规则和计算分数的方法：
   （1）拿到信封以后，阅读所有的字条，然后把字条的正确顺序排出来。
   （2）用铅笔标出不认识的生字。
   （3）完成任务的小组得分，根据先后顺序依次得 5 分、3 分、1 分。如果有一个错误，扣除 1 分，两个错误扣 3 分，三个错误扣 5 分，四个错误扣 7 分。
   （4）可以查字典。
2. 开始游戏。把信封同时交给不同组的学生，让他们开始拼出正确的句子。

3. 记录分数，然后进行下一轮，也就是下一个句子。

4. 直到时间到或者全部句子都已经完成。

5. 得分最高的组得到奖励。

注意事项

1. 老师一定要事先好好儿准备，精心挑选句子，字体要和课本上的字体一样，稍微大点效果会更好。

2. 如果在游戏中还想让学生练习写字和翻译，可以让学生把拼好的句子抄下来，再翻译成英文或者自己的母语。

3. 游戏可以扩充到拼段落。找一段文章，根据教学目的和学生程度剪成不同的部分，可以按自然段，也可以按句子来拼。

拼句比赛

心得随笔

八、收拾你的房间

游戏介绍

　　自己发出命令让别人来做总是能给人一种满足感。孩子有时候最想做的可能就是当一回家长，命令一回他们的父母；学生有时候也想当一回老师，命令一下其他学生。在这个游戏里，可以是老师发出指令，也可以让学生充当老师的角色，来命令别的学生，在让他们体会小小快乐的同时练习一下汉语口语表达。

　　教"把"字句的时候可以用，学生一定会在玩儿的过程中学会怎么用"把"。当然学生熟悉了这个游戏以后，还可以用这个游戏来教生词或者复习学过的生词。

 **游戏准备**

　　一些能从学生书包里找到的东西，比如：笔、书、铅笔盒等等。

游戏过程

1. 把学生分成三组，告诉学生游戏规则，让他们有三秒钟的时间去反应。

2. 向三组的第一个学生分别借笔、书和铅笔盒，把它们放在不同的地方，比如桌子上、椅子上、桌子下面等等。

3. 游戏开始。老师问第一个问题："谁把笔放在桌子上了？"借给老师笔的学生要说："我把笔放在桌子上面了。"然后老师说："收拾你的房间！"借给老师笔的学生就要立即把笔拿走，顺利完成得1分。

4. 老师问第二个问题："谁把书放在椅子上了？"借给老师书的学生要回答："我把书放在椅子上了。"然后老师说："收拾你的房间！"学生要立即把书拿走才可以得分。

5. 老师问第三个问题："谁把铅笔盒放在桌子下面了？"借给老师铅笔盒的学生要回答："我把铅笔盒放在桌子下面了。"然后老师说："收拾你的房间！"学生要立即把铅笔盒放在书包里面。

6. 进行下一轮，向第二批学生借东西，依此类推，直到全部学生都有机会回答问题。

7. 哪个组分数高就是胜利者。

🍊 注意事项

1. 要让学生知道怎么用"把"说句子以后再做这个游戏。

2. 可以让学生轮流扮演老师。

3. 东西可以根据教学内容改变，可以是食物，也可以是日常用品，甚至可以是写了要求学生掌握的生词的卡片。

4. 也可以把教室当成学生的卧室。让学生把衣服乱放，然后做这个游戏。

心得随笔

九、造句对抗赛

造句对抗赛

　　造句是我们经常让学生做的练习，时间长了，学生多少有点觉得不太心甘情愿地去做。我们换个方式，引入竞争，让学生在游戏中完成任务。

　　游戏就是要有竞争才有趣，以对抗赛的形式进行学习，也可以让学习变得不那么枯燥。

游戏准备

用来写词语的白板。

游戏过程

1. 把学生分成若干组，每两个组之间进行对抗赛。最后赢的两个组在全班进行决赛。

2. 老师将要求学生造句用的词语写在白板上，并做讲解，之后说明竞赛的要求。

3. 第一组的学生挑出一个词语，第二组的一个学生要立即在规定的时间，比如5秒钟内用挑出的词语造句。如果造出的句子是正确的，可以得3分，如果句子有误可以修改，修改正确可以得2分；如果超时或没改对就不得分。造完句子以后，马上挑出一个词语，让第一组的一个学生造句。

4. 游戏一直进行下去，直到白板上的词语全部用完，或者每个学生都有机会造过句子，或者到规定的时间为止。得分最高的那组就是赢家。

注意事项

1. 学生造句后老师要立即进行评判和打分。

2. 可以适当地帮助造句有困难的学生，但是一定要公平合理。

3. 可以让游戏变得更难一些。比如规定不同词语的次序，或者不可重复挑选相同的词语，或者要用某个特定的句型等。

4. 如果想更有趣味性，让挑选词语的人挑战另外一个组的同学，也就是说，他来指定谁来用他选的词语造句。

5. 如果想让学生顺便练习写字，可以让他们把句子写下来。比如让另外一个组的学生写下来，如果不正确，要扣1分。

造句对抗赛

心得随笔

十、抓纸团

游戏介绍

　　小时候我们经常会玩儿抓石子的游戏。这个游戏的灵感就是从它而来的，只是把石子换成了写有词语的纸团。

　　通过这个游戏，我们可以让学生复习各类生词并且造句，从而提高表达能力和学习汉语的兴趣。

游戏准备

用来揉成纸团的小纸条。

游戏过程

1. 把生词分别写在纸条上，然后将纸条揉成团放在一起，可以将以前学过的词组合在一起，如在名词前加上数字、颜色、大小等不同的词。

2. 两人一组，将学生分成若干组，在单位时间内配合游戏。善于动手的抓纸团，语言水平比较好的打开纸团，用规定的句型造句。

3. 一个学生一只手抛起一个纸团，然后迅速抓起桌面上的纸团，再翻过手接住刚抛起的纸团。注意，除了第一次可以随意拿一个，用来抛的那个纸团必须从已经抓起来的纸团中拿。

4. 如果接到了，搭档加上一些修饰词用纸团内容造句，说对一个记1分，说错不计分。没接到的话抛起手中的一个纸团继续游戏。

5. 到规定的时间游戏结束，得分最高的即为获胜组。

注意事项

1. 因为一组只有两个人，可以适当缩短每轮游戏的时间，以便让所有的学生都能参与。
2. 注意计分，调动学生积极性。

心得随笔

抓纸团

十一、最好笑的句子

游戏介绍

听笑话是件让人高兴的事。如果让你毫无准备地讲一个笑话可能不容易。但是我们通过游戏的形式让几个学生合作造句，可能无意间就会产生许多好笑的句子。

这个游戏就是让学生在按照固定的语序和要求填词的时候，无意中制造出幽默的效果来。学生会在不知不觉中复习学过的词语和句子，对学习汉语语序很有帮助。

游戏准备

比较大的纸若干张。

游戏过程

1. 老师先要规定好游戏时间，分成5个人一组。如果有的组人数不够，这个组的成员有的人就得重复做。

2. 发给每组第一个同学一张纸，让他/她写上一个时间，比如："星期六"、"今天"、"下午三点"等；写完以后将纸叠起来，盖住时间，再折一次，然后传给同组的第二个同学。

3. 第二个同学不可以偷看上面写了什么，接着写一个同学的名字，或其他表示人物的词语。比如："我"、"李老师"、"王明"等。写完后折一次，传给下一个同学。

4. 第三个同学也不可以看前面写了什么，接着写一个地点或者地方，比如："在游泳池"、"在天安门"、"在北京"等等，然后传给下一个同学。

5. 第四个同学也不允许偷看，接着写一个动作，比如："吃饭"、"游泳"、"跳舞"等等，写完后传给最后一个同学。

6. 最后一个学生拿到纸后打开，从头到尾读给全班同学听。

7. 每组读完以后，选出最好笑的句子、第二好笑的……依此类推，分别得5分、4分、3分、2分、1分。

8. 变换同组学生的顺序，让原来的第一个学生移到最后，按同样的规则继续游戏。

9. 一直继续游戏，直到所有的学生都有机会读出他们组造的句子，游戏结束。得分最高的那个组是赢家。

注意事项

1. 如果是让学生学习新的生词，可以规定不同的句型让学生造句，比如可以用"某某把××放在××里面/外面"、"某某喜欢一边××一边××"……

2. 可以根据每个句子里词语的多少决定每个组的人数。

3. 一定要让每个学生都有机会读出句子。

4. 要注意控制时间。

心得随笔

十二、八卦一下

游戏介绍

　　写小纸条是学生上课的时候最爱做的小动作之一。因为不能在课堂上大声说话，所以每当学生有悄悄话的时候，他们就充分利用小纸条逃避老师的责骂，传递他们的小八卦。上课的时候，如果有学生在下面传纸条的话，老师一定非常生气。可是换个角度一想，我们就知道学生多么喜欢在纸条上写东西，多么喜欢通过小纸条来传递自己的悄悄话和八卦消息了。这个游戏就是投其所好。其实，它和"最好笑的句子"那个游戏非常相似。

游戏准备

做好的小纸条。

游戏过程

1. 老师在几张纸上写上第一部分，"你相信吗？ 昨天下午……"，然后把纸条传给一个学生A。

2. 要求学生按照下面的顺序每次写一部分话，要用到给出的词语。

　　（1）一个人的名字"和／跟"另外一个人的名字。

　　（2）时间和地点："在……（一个地方，比如电影院）。"

　　（3）"她说：……"（爱好）

　　（4）"他说：（得）……"

　　（5）"他们一起……"

(6) "最后……三个小时……"

(7) 随便写，但是要跟爱好有关。

3. 学生A写了"小明和小红"，写好后把纸传给另外一个学生B，B按着上面的顺序写道："在学校体操馆里面。" 写完后把纸折起来，让下一个人看不到内容，然后把纸条传给他选的另一个学生C。

4. 学生C接到纸条以后写下了："她说：'你有什么爱好？'" 写完后折起纸，然后再选一个学生D，把纸条传过去。

5. 学生 D 收到纸条后，写下了："他说：'我们一起打羽毛球好吗？我打羽毛球打得非常好。'"写完后折起纸，然后再选一个学生 E，把纸条传过去。

6. 学生E收到纸条后，写下了："他们一起打篮球。" 写完后折起纸，然后再选一个学生F，把纸条传过去。

7. 学生F收到纸条后，写下了："最后他们说了三个小时的话。" 写完折起纸，然后再选一个学生G，把纸条传过去。

8. 学生G收到纸条后，写下了："他们有很多的爱好，他喜欢打球，她喜欢唱歌。" 写完了以后，再选一个学生H，把纸条传过去。

9. 最后学生H，读出整张纸上面的八卦故事。"你相信吗？昨天下午，小明和小红在学校的体操馆里面。她说：'你有什么爱好？' 他说：'我们一起打羽毛球好吗？我羽毛球打得非常好。' 他们一起打篮球。最后他们说了三个小时的话。他们有很多的爱好，他喜欢打球，她喜欢唱歌。"

八卦一下

注意事项

1. 这个游戏的目的是让学生练习写汉字，所以一定要根据教学内容规定在纸条里写的东西。游戏的目的是让学生学习，趣味性是第二位的。

2. 每一轮游戏后，要换一下要求学生造句的词语。

3. 可以把学生分成组，进行比赛。

4. 汉语水平高的班级，可以不用把纸条折起来，这样可以发挥想象力。

5. 提醒学生要尊重别人，不要人身攻击。

6. 如果效果不好，就要立即停止。

心得随笔

八卦一下

教学游戏的设计、改进和创新

教学游戏可用于教学过程的各个阶段。教师可以根据教学任务的需要，结合学生的汉语水平，选编出不同层次的语言游戏材料。只要学生的积极性能得到充分的调动，游戏就能取得预期的效果。一般来说，语言游戏可划分为复现的、半创造性的和创造性的几个不同层次。初级阶段的语言游戏多是复现性的，要求学生在游戏的过程中复现原文。中级阶段的语言游戏则要求学生将原文做适当的改动，并能适当地补充课文内容，使之符合交际的需要，因而这种游戏具有半创造性的特点。而高级阶段的语言游戏则要求学生进行创造性的言语交际，充分表现他们在言语交际活动中的独立工作能力。这样的游戏能更有效地培养高级阶段学生灵活运用汉语的能力，从而大大提高学生的汉语水平。

一、游戏的设计原则

1. 游戏应有目的性

教师不能随意地安排游戏，游戏必须为教学服务。因此教师要根据教学的内容和目标进行合理的设计。

2. 游戏应有创造性

游戏活动只有具备创造性才能在课堂上有生命力。这就要求教师灵活地处理教材内容与游戏的关系，创造性地设计游戏活动。

3. 游戏要有一定难度

教师在设计游戏时要把握它们的难度，使游戏活动既能最大限度地激发学生的参与热情，又能使课堂充满悬念与挑战，使学生乐于尝试，并有机会在活动中体验成功。

4. 游戏应有可操作性

教师设计的游戏活动应当形式简单、易于操作，这样才能使每个学生都能参加且乐于参加，使每个游戏活动能充分发挥其应有的作用。

5. 游戏应具备多样性

　　学生喜欢在课堂上以游戏的形式学习知识，但是同一种游戏玩儿过多次之后，学生就会对其失去兴趣。这就需要教师平时注意积累多种游戏的方法，不断设计新的游戏，以满足学生强烈的好奇心，持续激发他们的兴趣。

二、游戏的修改和改进

　　作为汉语教师，不论平时有没有刻意地关注教学游戏，我们总会在生活中学到或者碰到一些有趣的游戏。怎样把这些游戏进行适当地修改，应用到自己的教学实践里面，是我们应该注意的重要问题。

　　（一）生活中的游戏

　　丢手绢是很多人小时候都玩儿过的游戏。 如何把这个游戏用在中文教学里面呢？下面就给出几个例子， 希望能对汉语教师们有所启发。

丢手绢之数数版

目的：熟悉数字1～10的中文表达（或其他数字练习）。

说明：这是一个类似"丢手绢"的游戏。

方法：1. 同学们围成一圈坐好，由老师先开始做示范。老师在圈外，边从1数到10边围着圈走。每数一个数字，就轻拍一位同学的肩膀。数到10后再从1开始。

　　　2. 假如后拍肩膀的那位同学的数字与前一位同学的数字不连贯，那么后面这位同学就必须立刻站起来去追老师，并且要在老师跑到他的空位坐下前抓到老师。

　　　3. 如果没有抓到，就由他取代老师的位置，重新开始数数，继续游戏。如果抓到了，还是由老师数数，直到他成功地逃脱一次才换人。

———— 丢手绢之生词版一 ————

目的：熟悉新学的生词。

说明：把手绢换成要学生学习的生词卡。事先准备好新学的生词卡片，让学生在游戏中找出歌曲中说到的生词卡片。

目的：1. 同学们围成一圈坐好，学生一起唱："丢×× （生词），丢×× （生词），轻轻地把新生词放在小朋友的后面，大家不要告诉他，快点，快点抓住他！"老师先开始做示范。老师在圈外，一边围着圈走，一边从卡片中找到学生唱到的生词。

2. 老师把卡片轻轻放在一个学生的背后，那个学生必须立刻站起来去追老师，并在老师跑到他的空位坐下前抓到老师。

3. 如果没有抓到，就由他取代老师的位置，重新开始游戏。如果抓到了，还是由老师在圈外转，直到他成功地逃脱一次才换人。

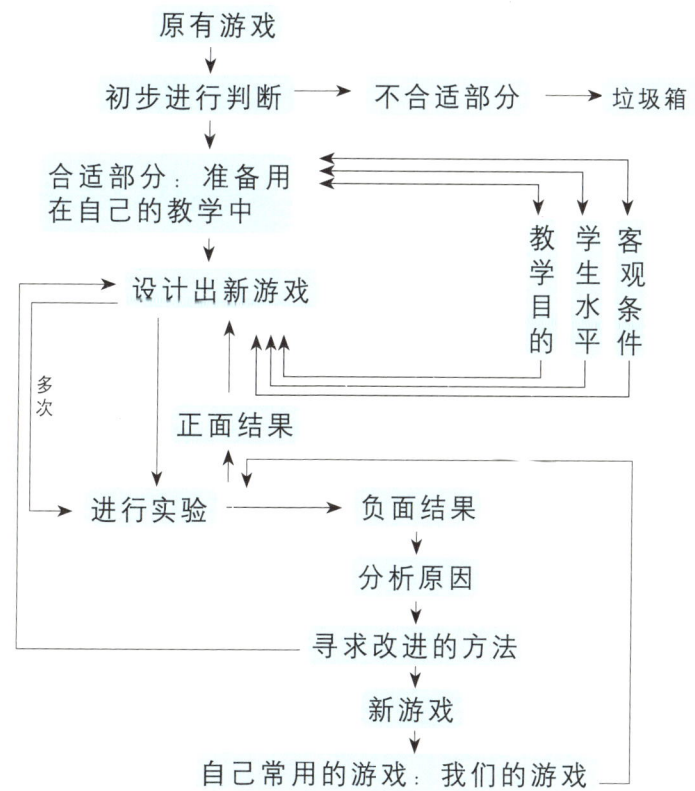

丢手绢之生词版二

说明: 同样是用生词卡片,但是玩法有点不同。

方法: 圈外的学生A一边走一边挑出一张卡片,然后站在学生B的后面,大家不要告诉B卡片上是哪个生词,让他去猜。如果猜对了,A就要立即坐下,让B挑卡片继续游戏。如果猜错了,A要立即跑开,B要去追,追的过程中B可以一直猜,直到猜到正确答案为止(也可以规定次数),进行下一轮游戏。如果猜对前抓住A也可以进行下一轮游戏。

还可以有很多不同的版本,老师们可以自己把自己知道的游戏做一些修改和再创造,应用到课堂之中,也许会收到意想不到的效果。

(二)英语教学中的例子

友谊之圈

目的: 用英语向别人进行简单的问候、做自我介绍及告别。

方法: 1. 大家一起面对面围成两个同心圆。

2. 一起拍手唱歌或放音乐,两个圈分别朝相反方向转动。歌曲结束,或老师喊"stop"时,每位同学就与正好和自己面对面的同学进行问候对话。

3. 当大家安静下来表示都做完以后,重新开始一首歌曲拍手转圈。

4. 游戏的乐趣在于,学生不知道自己下一个将会面对谁,也许是新的同学,也许就是刚才问候过的同学。

用同样的方法,在学过一个话题后,让学生练习汉语会话。比如有关天气,可以先准备几个问题:今天天气怎么样?今天多少度?今天有雨吗?

友谊之圈汉语对话版

方法: 1. 大家一起面对面围成两个同心圆。

2. 一起拍手唱歌或放音乐，两个圈分别朝相反方向转动。歌曲结束，或老师喊"停"时，每位同学就与正好和自己面对面的同学进行天气方面的对话。

3. 当大家安静下来表示都做完以后，重新开始一首歌曲拍手转圈。

4. 老师再规定转动方向，或者换另外一些问题。

用同样的方法也可以复习生词。如学生学习了生词以后，让学生挑一些生词，写在卡片上，后面可以注上拼音和意思。

友谊之圈汉语生词版

方法：1. 大家一起面对面围成两个同心圆。

2. 一起拍手唱歌或放音乐，两个圈分别朝相反方向转动。歌曲结束，或老师喊"停"时，每位同学就与这时正好和自己面对面的同学互相考试，问对面的同学自己手里的生词是什么意思，然后用这个词造个句子。

3. 当大家安静下来表示都做完以后，重新开始一首歌曲拍手转圈。

4. 继续游戏，也可以让游戏更有趣，如果两个人见面的时候，手里的生词是一样的，可以进行奖励或者惩罚。

还可以让同学用学过的词语造句，把句子写在卡片上，把本国语言翻译写在后面。

友谊之圈句子版一

方法：1. 大家一起面对面围成两个同心圆。

2. 一起拍手唱歌或放音乐，两个圈分别朝相反方向转动。歌曲结束，或老师喊"停"时，每位同学就与正好和自己面对面的同学进行交流，说出自己的句子，让对面的同学翻译。

3. 当大家安静下来表示都做完以后，重新开始一首歌曲拍手转圈。

4. 老师再规定转动方向，或者换另外一些句子。

学习关联词的时候，让学生造一半的句子，写在卡片上。通过"友谊之圈"配对，既能活跃课堂氛围，也能帮助学生理解关联词的意义和用法。比如学习"因为……，所以……"的时候，让学生用"因为"造半个句子，比如"因为我不喜欢中文"，同时让学生用"所以"造句，如果"所以他很胖"。因为这两个句子没有因果关系，所以不能放在一起。

友谊之圈句子版二

方法：1. 大家一起面对面围成两个同心圆。

2. 一起拍手唱歌或放音乐，两个圈分别朝相反方向转动。歌曲结束，或老师喊"停"时，每位同学就与正好和自己面对面的同学进行交流，说出并给对面同学看自己的句子，对面的同学拿出自己写的另外一半句子，看看有没有因果关系。如果有人配对成功，就得到奖励，开始下一轮游戏，可以继续转，也可以反方向转。如果没有人配对成功，继续游戏。

3. 当大家安静下来表示都做完以后，重新开始一首歌曲拍手转圈。

4. 老师再规定转动方向，或者换另外一些句子。

看到这里，相信大家已经明白，其实游戏方法只是一个载体。我们可以利用这个载体做很多很多的文章。寓教于乐，其乐无穷。